陕西干部学习培训教材

中华文化的核心理念

中共陕西省委组织部组织编写

西北大学出版社
·西安·

序 言

　　善于学习，就是善于进步。没有大学习，就难有大发展。当前，世界正经历百年未有之大变局，我国正处于实现中华民族伟大复兴的关键时期，我们面临的发展机遇和风险挑战前所未有。党的十九届五中全会确立了"十四五"经济社会发展主要目标和2035年远景目标，全面建设社会主义现代化国家新征程即将开启。省委十三届八次全会强调，要贯通落实"五项要求"、"五个扎实"，把握新发展阶段、贯彻新发展理念、构建新发展格局，推动高质量发展、创造高品质生活、实现高效能治理，奋力谱写陕西新时代追赶超越新篇章。应对重大挑战，抵御重大风险，推动经济社会高质量发展，把宏伟蓝图变为美好现实，要求各级干部必须更加崇尚学习，持续深化学习，大幅提升"八种本领"、"七种能力"，紧紧跟上时代前进步伐，更好适应事业发展需要。

　　这批培训教材深入贯彻习近平新时代中国特色社会主义思想和习近平总书记来陕考察重要讲话精神，紧扣高质量发展主题，坚持理论与实践相结合，突出指导性、针对性、操作性，对提高干部的专业能力具有较强的帮助促进作用。全省各级各类干部教育培训要注重用好这批教材，帮助广大党员干部更好提高知识化、专业化水平，增强履职尽责本领，在加快新时代追赶超越、推动高质量发展征程中作出更大贡献、书写精彩华章。

2021 年 1 月 7 日

目 录

1 前 言

8 第一章 大道为公、天下大同的理想社会

19 第二章 六合同风、四海一家的大一统传统

33 第三章 德主刑辅、以德化人的德治主张

43 第四章 民贵君轻、政在养民的民本思想

56 第五章 等贵贱均贫富、损有余补不足的平等观念

70 第六章 法不阿贵、绳不挠曲的正义追求

82 第七章 孝悌忠信、礼义廉耻的人伦规则

96 第八章 任人唯贤、选贤与能的用人标准

110 第九章 周虽旧邦、其命维新的改革精神

126 第十章 亲仁善邻、协和万邦的外交之道

137 第十一章 以和为贵、好战必亡的和平理念

146 参考文献

前　言

文化是民族的血脉，是人民的精神家园。中华民族具有5000多年连续不断的文明历史，创造了博大精深的中华文化。可以这样说，中华文化是中华民族的生命命脉和精神家园，是中华民族凝聚力和创造力的不竭源泉。中华文化积淀着中华民族最深沉的精神追求，包含着中华民族最根本的精神基因，代表着中华民族独特的精神标识，是中华民族生生不息、发展壮大的丰厚滋养。在世界文化史上，中华文化5000多年未曾中断的悠久历史，彰显了其独一无二的理念、智慧、气度、神韵，也为人类文明的进步作出了不可磨灭的贡献。

一、中华文化的内涵

2016年，在庆祝中国共产党成立95周年大会上，习近平总书记深情地谈道："在5000多年文明发展中孕育的中华优秀传统文化，在党和人民伟大斗争中孕育的革命文化和社会主义先进文化，积淀着中华民族最深层的精神追求，代表着中华民族独特的精神标识。"在2017年的十九大报告中，习近平总书记再次指出，中国特色社会主义文化，源自于中华民族5000多年文明历史所孕育的中华优秀传统文化，熔铸于党领导人民在革命、建设、改革中创造的革命文化和社会主义先进文化，植根于中国特色社会主伟大实践。显然，中华文化既包含中华优秀传统文化，又包括革命文化和社会主义先进文化。

中华文化三部分是一个统一的整体。第一，中华优秀传统文化、革命文化和社会主义先进文化是中国文化发展的"古"与"今"的关系问题；第二，中华优秀传统文化、革命文化、社会主义先进文化有其共同点，中国文化之"古"与中国文化之"今"是相通的：那就是强调人在社会发展进程中的积极进取精神；第三，中华优秀传统文化、革命文化、社会主义先进文化的关联，是按照由"古"而"今"的历史逻辑来确立的，表明了新时代中国文化的发展方向在于发展中国特色社会主义文化。

二、中华文化的核心理念

中华文化的核心理念主要表现为核心价值体系和核心价值观。它是决定文化性质和方向的最深层次要素，是一个国家的重要稳定器。2014年五四青年节时，习近平总书记在同北京大学师生座谈时指出："人类社会发展的历史表明，对一个民族、一个国家来说，最持久、最深层的力量是全社会共同认可的核心价值观。核心价值观，承载着一个民族、一个国家的精神追求，体现着一个社会评判是非曲直的价值标准。"中国是一个有着14亿人口、56个民族的大国，确立反映全国各族人民共同认同的价值观"最大公约数"，使全体人民同心同德、团结奋进，关乎国家前途命运，关乎人民幸福安康。

2006年党的十六届六中全会提出建设社会主义核心价值体系，强调马克思主义指导思想、中国特色社会主义共同理想、以爱国主义为核心的民族精神和以改革创新为核心的时代精神、社会主义荣辱观构成社会主义核心价值体系的基本内容。2012年党的十八大又提出：倡导富强、民主、文明、和谐，倡导自由、平等、公正、法治，倡导爱国、敬业、诚信、友善，积极培育和践行社会主义核心价值观。"三个倡导"二十四个字，是社会主义核心价值体系的内核，是对社会主义核心价值体系的高度凝练和集中表达。

培育和弘扬社会主义核心价值观，必须立足中华优秀传统文化。牢固的核心价值观都有其固有的根本。正如习近平总书记指出的那样："中华文明绵延数千年，有其独特的价值体系。中华优秀传统文化已经成为中华民族的基因，植根在中国人内心，潜移默化影响着中国人的思想方式和行为方式。今天，我们提倡和弘扬社会主义核心价值观，必须从中汲取丰富营养，否则就不会有生命力和影响力。"在实现中华民族伟大复兴的征程中，我们要利用好中华优秀传统文化蕴含的丰富的思想道德资源，使其成为涵养社会主义核心价值观的重要源泉。

2017年1月，中共中央办公厅、国务院办公厅《关于实施中华优秀传统文化传承发展工程的意见》指出，中华民族和中国人民在修齐治平、尊时守位、知常达变、开物成务、建功立业过程中培育和形成的基本思想理念，如革故鼎新、与时俱进的思想，脚踏实地、实事求是的思想，惠民利民、安民富民的思想，道法自然、天人合一的思想等，可以为人们认识和改造世界提供有益启迪，可以为治国理政提供有益借鉴。传承发展中华优秀传统文化，就要大力弘扬讲仁爱、重民本、守诚信、崇正义、尚和合、求大同等核心思想理念。

2020年，习近平同志的《坚持和完善中国特色社会主义制度 推进国家治理体系和治理能力现代化》一文刊登在《求是》第1期。文章指出：在几千年的历史演进中，中华民族创造了灿烂的古代文明,形成了关于国家制度和国家治理的丰富思想,包括大道为公、天下大同的理想社会,六合同风、四海一家的大一统传统,德主刑辅、以德化人的德治主张,民贵君轻、政在养民的民本思想,等贵贱均贫富、损有余补不足的平等观念,法不阿贵、绳不挠曲的正义追求,孝悌忠信、礼义廉耻的人伦规则,任人唯贤、选贤与能的用人标准,周虽旧邦、其命维新的改革精神,亲仁善邻、协和万邦的外交之道,以和为贵、好战必亡的和平理念,等等。这些思想中的精华是中华优秀传统文化的重要组成部分,也是中华民族精神的重要内容。与之相适应的是,科学社会主义的主张受到中国人民热烈欢迎,并最终扎根中国大地、开花结果,这绝不是偶然的,而是同我国传承了几千年的优秀历史文化和广大人民日用而不觉的价值观念融通的。因此,新时代中华文化的核心理念既包括优秀传统文化的核心理念,也包括马克思主义的基本原理和马克思主义中国化的理论成果。

三、创造中华文化新的辉煌

新时代,提升社会治理水平、积极参与国际治理,必须大力弘扬中华文化。

第一,弘扬主旋律,传播正能量。新闻舆论是思想文化传播的重要渠道,巩固壮大积极健康向上的主流舆论是社会主义文化建设的重要任务。要弘扬主旋律,传播正能量,激发全社会团结奋进的强大力量,为坚持和发展中国特色社会主义提供强大精神动力和舆论支持。

第二,要以科学态度对待传统文化。习近平总书记指出:"不忘本来才能开辟未来,善于继承才能更好创新。"中华传统文化是我们民族的"根"和"魂",如果抛弃传统、丢掉根本,就等于割断了自己的精神命脉。要坚持马克思主义的方法,采取马克思主义的态度,坚持古为今用、推陈出新,有鉴别地加以对待,有扬弃地予以继承,既不能片面地讲厚古薄今,也不能片面地讲厚今薄古。

第三,要对传统文化进行创造性转化、创新性发展。中华优秀传统文化与社会主义市场经济、民主政治、先进文化、社会治理等还存在需要协调适应的地方。弘扬中华优秀传统文化,重点做好创造性转化和创新性发展。创造性转化,就是要按照时代特点和要求,对那些至今仍有借鉴价值的内涵和陈旧的表现形式加以改造,赋予其新的时代内涵和现代表达形式,激活其生命力。创新性发展,就是要按照时代的新进步新进展,对中华优秀传统文化的内涵加以补充、拓展、完善,增强其影响力和感召力。

第四,提高国家文化软实力。文化软实力集中体现了一个国家基于文化而具有的凝聚力和生命力,以及由此产生的吸引力和影响力。古往今来,任何一个大国的发展进程,既是经济总量、军事力量等硬实力提高的过程,也是价值观念、思想文化等软实力提升的过程。

四、中华文化核心理念的历史传承性

中华文明之所以成为世界文明史上唯一有着超过五千年历史且没有中断的文明,最重要的一点就在于中华民族自觉的文化传承意识和传承实践。春秋时期,孔子编订六经,对中华文化进行了系统的整理。其后,儒家对经典的不断阐释和自觉传承为中华文化的繁荣发展发挥了根本性的示范和熏陶作用。韩愈的"原道"、朱熹的"道统",都强调了面对外来文化冲击时,中华文明自觉地回应和积极地吸纳,由是也促成了核心价值理念的传承发展。

中国共产党人向来重视中国历史和文化的传承发展。早在党的六届六中全会上,毛泽东就强调指出,中华民族有数千年的历史,其中蕴含着许多珍贵品质。

十八大以来,习近平总书记大力倡导文化、文明在民族复兴征途中的基础性作用。习近平强调:"没有文明的继承和发展,没有文化的弘扬和繁荣,就没有中国梦的实现。"

中华文明区别于其他文明最重要的一点是强调现实的、人的社会生活,也就是把人的精神生活归入人生和社会理想之中。近代以来,在实现民族独立、国家富强的现代发展中,中华文明提供了强大的精神指引。新时代,在实现民族伟大复兴的征途中,立足中国现代化建设实践,着眼于现代化建设高质量发展,探索形成中国现代化理论体系等,都需要我们进行理论总结,深化和丰富中华文明的内涵。习近平总书记在十九届四中全会上说过:我们国家探索建立现代治理体系,"是在我国历史传承、文化传统、经济社会发展的基础上长期发展、渐进改进、内生性演化的结果",是历史的传承和发展。从这个意义上来说,对于优秀传统文化的倡导和中华文明的推崇,既是文化自信的必要,又是文化自信的表现。

五、中华文化核心理念的世界意义

历史已经证明:不同于西方大国的崛起是建立在血腥的暴力和狂热的殖民掠夺基础上,中国崛起最显著的特点是和平发展。

在阐扬中华文化风采的同时,更重要的是展现中国和平发展、和平崛起的理念。习近平总书记在国内外不同场合都曾公开阐明,"中华民族的血液中没有侵略他人、称霸世界的基因,中国人民不接受'国强必霸'的逻辑,愿意同世界各国人民和睦相处、和谐发展,共谋和平、共护和平、共享和平"。他的一系列论述显示了中国崛起一定能避开所谓的"修昔底德陷阱",从而为中国的发展营造良好的国际氛围,为世界的和平稳定贡献中国方案:不同文明只有相互欣赏、交流、借鉴,才有可能建立一个和而不同的人类命运共同体。

| 中华文化的核心理念

第一章
大道为公、天下大同的理想社会

  亚洲前途在哪里？从顺应历史潮流、增进人类福祉出发，我提出推动构建人类命运共同体的倡议，并同有关各方多次深入交换意见。我高兴地看到，这一倡议得到越来越多国家和人民欢迎和认同，并被写进了联合国重要文件。我希望，各国人民同心协力、携手前行，努力构建人类命运共同体，共创和平、安宁、繁荣、开放、美丽的亚洲和世界。
  ——2018年4月10日，习近平在博鳌亚洲论坛年会上的主旨演讲

提倡世界大同、天下一家的思想，在东西方文化传统中源远流长，在人类历史的星空中熠熠生辉。

一、大道为公、天下大同的基本内容

早在春秋战国时期，诸子百家便纷纷建构自己的学说，提出解决现实问题的方案以及对未来社会制度的理想。

道家哲学的创始人老子从自然无为的基本原则出发，提出了"小国寡民"的理想社会制度。在这样的制度里，人们过着原始淳

朴的生活，不使用先进的生产工具，刀枪入库，马放南山；邻国相望，鸡犬之声相闻，老死不相往来。这是一个典型的理想化的原始"乐园"。老子的思想是一种复古历史观，带有鲜明的对现实社会不公平的批判精神与反剥削、反压迫的色彩，是对统治者欲望不断膨胀而导致社会动乱的现实在理论上的反映。

墨家创始人墨子生活于战国前期，这一时期诸侯间的兼并战争规模更大，更加残酷，社会上以强欺弱、以众凌寡、兵革不休等现象比比皆是。基于此，墨子提出改造社会的十条主张，其中的核心理念就是"兼爱"和"尚贤"。墨子认为，在社会中，之所以会出现恃强凌弱、以众欺寡、以富凌贫等社会不公现象，是由于人们之间不相爱造成的。因此，要"兴天下之利，除天下之害"，就必须"兼相爱"，即不分远近、亲疏、贫富、贵贱的无差等的爱。只有这样，才能够消除战争，才能使人与人之间和谐相处。墨子认为，尚贤是为政之本。一个国家贤良之士的多少以及是否做到尚贤使能，关系着国家兴衰、社会稳定。在选拔贤良时，应该不拘一格，不避远近、亲疏、贫富。

儒家对未来社会制度的构想主要集中于《礼记·礼运》中的经典表达："大道之行也，天下为公，选贤与能，讲信修睦。故人不独亲其亲，不独子其子，使老有所终，壮有所用，幼有所长，矜寡孤独废疾者皆有所养，男有分，女有归。货恶其弃于地也，不必藏于己；力恶其不出于身也，不必为己。是故谋闭而不兴，盗窃乱贼而不作，故外户而不闭，是谓大同。"在大道盛行的时候，天下是人们共有的，在这样的社会里，会把贤能的人选拔出来，讲求诚信，和睦相处。人不只以自己的亲人为亲人，以自己的子女为子女，矜寡孤独废疾者都能得到供养。男女各安其位。人们不会将财产据为己有，愿意为公众之事竭尽全力。因此阴谋诡计、盗窃、造反的乱象不会发生。路不拾遗，夜不闭户，这就是大同社会。

大同理想虽然在历史发展的不同阶段有不同的阐释，但是，它的基本精神却渗透在中华民族的血液里，到了近代，洪秀全、康有为和孙中山代表的不同阶级，围绕"中国向何处去"的时代主题，在探索救国救民方案时，设计了三种各具特色的大同理想方案。洪秀全在《天朝田亩制度》中提出"等富贵，均田地"的思想。康有为在《大同书》中建构了一个"至平也，至公也，至仁也，治之至也"的大同世界。在这样的社会里，天下为公，没有阶级的差别和阶级压迫，人人平等。孙中山从进步的民族资产阶级利益出发，提出民生主义，主张爱和平，重人道，推崇自由、平等、博爱。在这样的社会里，幼有所教，老有所养，分业操作，各得其所。

儒家大同生活的基本特征包括以下几个方面：

1. 权力公有

在儒家文化语境中，"天下为公"一方面指公平正直，不谋私利。儒家并不一概否认任何利益，也不一味反对私利，而是高举"道义"之旗帜，主张重义兼利、先义后利、明义重公。"天下为公"，另一方面是指"天下共有"，即权力不能私相授受。《吕氏春秋·孟春纪》指出："天下非一人之天下也，天下之天下也。"康有为在《礼运注》中说："公者，人人如一之谓，无贵贱之分，无贫富之等，无人种之殊，无男女之异……惟人人皆公，人人皆平，故能与人大同也。"儒家提倡"乐以天下，忧以天下""致忠而公"，弘扬"公而忘私"的思想。这种"天下为公"是对"私天下"的批判，政权不再只属于君主一人，也不属于统治者少数人。

君主必须时时刻刻把天下公利摆在第一位，治国理政要保证公平，主持公道，赏罚公平。这一思想在后世得到了继承和发扬。明末清初著名学者黄宗羲将权力私有化看成王朝走向灭亡的必然规律。康有为认为"天下为公"就是"人人皆公，人人皆平。"孙中山也主张，天下"是天下人之天下"，"国家是人人的国家"。"天下为公"就是要求统治阶级将眼光放在整体利益而非个人私利上。实现"公天下"，才能维持统治的稳定。

2. 选贤与能

要保障天下能够达到有效的治理，就必须选贤与能。孔子提出要尊贤、敬贤，就是要尊敬贤人，包容普通人，鼓励好人。荀子认为，作为君主要善于用人，如果能够做到"选贤良，举笃敬，兴孝悌，收孤寡，补贫穷"，社会就会稳定和谐。对于选贤，荀子主张以贤能为标准，即"贤者在位，能者在职"。贤者就是有道德的人，能者是有才能的人。在对人才的使用上，要德位相配。要"论德而定次，量能而授官"。只有这样，才能做到人尽其才、各得其所。

3. 讲信修睦

"讲信修睦"有两个基本含义。第一，是指在为人处事中，要讲求信用、诚实不欺，同时，在与人相处时也要信赖他人。儒家历来重视诚信，孔子说"人无信不立"。"信"作为"仁"学的五端之一，是人安身立命之基。孟子说："是故诚者，天之道也；思诚者，人之道也。"这一说法，把"诚信"推到儒家追求人生终极价值目标的高度。在大同理想的设计中，强调要"讲信修睦"，唯此才能实现"路不拾遗，夜不闭户"的社会境界，才能达到人们在物质财富、政治与社会地位以及各类人际关系上的真正平等，共同劳动，衣食共享。第二，"讲信修睦"被后来一些进步的思想家、政治家解释为执政者在治国理政时一定要谨慎。政令、法规一旦制定和颁布，就不能朝令夕改。《论语》中讲："子贡问政。子曰：'足食，足兵，民信之矣。'子贡曰：'必不得已而去，于斯三者何先？'曰：'去兵。'子贡曰：'必不得已而去，于斯二者何先？'曰：'去食。自古皆有死，民无信不立。'"可见，在孔子的眼中，"信"比"食"和"兵"更为重要。司马光认为："夫信者，人君之大宝也。国保于民，民保于信。非信无以使民，非民无以守国。"讲求诚信是君主至高无上的法宝。国家靠人民来保卫，人民靠信誉来保护；不讲信誉无法使人民服从，没有人民便无法维持国家。

4. 各得其所

大同世界描绘的是人人敬老爱幼、处处平等的理想社会。人们视他人父母如自己父母，视他人子女如自己子女。"老有所终，壮有所用，幼有所长，矜、寡、孤、独、废疾者皆有所养。"所有人都能得到社会的关怀，同时又主动关爱社会，关心他人。男有室，女有家，社会和谐，人民安居乐业。在这样的社会里，劳动已经成了人们高度自觉的活动。"力恶其不出于身也，不必为己。"社会和谐稳定，一切恶的行为皆不存在，"盗窃乱贼而不作，故外户而不闭"。

类似中国传统文化的大同理想，也存在于西方文化中。例如，古希腊柏拉图的《理想国》，19世纪初空想社会主义的"实业制度""和谐制度"等。下面我们看看空想社会主义学家罗伯特·欧文的例子。

二、案　例

1824年，在美国的印第安纳州南部，曾出现过一个"新和谐村"。在这个有3万亩土地的村庄里，丘陵起伏，碧水长流。果园里桃李成行，绿荫深处竖立着一幢幢厂房。在村庄的中心，可以看到崭新而又整齐的住宅和公用建筑。每当太阳升起，薄雾散尽，村里的人们就开始了一天的劳动。人们按照年龄大小从事着各种有益的劳动。儿童去学校读书，接受教育。在这个新和谐村里，人们相安无事，各得其所，过着无忧无虑的生活。

这个"世外桃源"的创立人是英国人罗伯特·欧文。1771年5月，欧文出生在北威尔士一个贫苦工匠家庭。他只读过乡村初小，从9岁起就开始自己谋生，在一家商店当学徒。10岁时只身一人到伦敦自谋生路，17岁时他开办了一家拥有40名工人的小工厂，由于经营有方，获利丰厚。20岁时，他被曼彻斯特一家纱厂请去当经理，由于经营管理得法，深受纺织界的赞誉，他也因此结识了许多著名人物。1799年，欧文同人合伙买下了苏格兰新拉纳克一家拥有2500人的纺纱厂。欧文在这里进行了一系列最初的改革试验。他想通过自己的改革，消灭社会上的不合理现象，消除无产阶级的贫困状态。他在工厂中实行一系列改革措施，如缩短工时，把原来每天14小时的工时减少到10.5小时；实行了一系列提高工人福利的改革，提高工人工资，改善工人的居住条件和劳动条件，为工人开办托儿所、幼儿园和模范小学，并建立了专门商店，廉价供应食品和生活必需品。随着时间的推移，这个居民成分复杂、刑事案件层出不穷的新拉纳克，被改造成当时的模范移民区，获得了"幸福之乡"的美称。1812年，欧文开始宣传自己改造新拉纳克的成就，发表了《关于新拉纳克工厂的报告》，引起了社会的广泛关注。欧洲各国的达官显贵、王公大臣、资产者、慈善家以及各种社会活动家，纷纷来新拉纳克参观，欧文成为欧洲最有名望的慈善家。1824年，他带着一批志同道合的人来到美国的印第安纳州，买下了3万英亩的土地，开始兴建"新和谐村"。这个新村刚一出现就像春天来到人间一样，迅速传播，给美国的劳苦大众带来极大的希望。他们从各地赶来，汇集在这里，一时间加入"新和谐村"的人数竟达800人之多。一些社会名人也来到这里，热情地参加新村的建设。凡是到过这里的人，无不连声叫绝，一片赞扬。欧文在1825年10月发表的一篇演说稿中，阐明了他创办"新和谐村"的目的。他说："我来到这个国家是为了介绍一个崭新的社会，把愚昧而自私的社会制度，改变为一种开朗的社会制度，这一种制度将逐渐把一切利益结合起来，并消除引起个人之间一切纷争的原因。我已买下了这片产业，并且亲自来到这里实行这种办法。"然而，由于"新和谐村"并不是真正与世界隔绝的，加入"新和谐村"的人来自各个地方，抱有各自的目的，追求不同的利益，有着不同的政治信仰。这样，社会上层分子和普通劳动者之间很快产生了矛盾，加上宗教信仰不同和民族的偏见，"新和谐村"远不像欧文预想的那么"和谐"。由于经济上连续亏损，1828年，"新和谐村"在存活四年之后，无法继续维持下去，终于宣告破产。一贫如洗的欧文回到欧洲后，继续在英国推行合作运动。晚年的欧文积极从事著述活动，宣传社会主义理论。1858年11月17日，欧文逝世，终年87岁。欧文的一生曲折离奇。他从一名商店学徒成为著名的工厂主，又从一位慈善家转变为社会主义者。他把自己的一生贡献给了社会改革和社会主义事业。今天，络绎不绝来到"新和谐村遗址"凭吊的人们，仍然由衷地敬佩当年创立"新社会模型"的志士们的勇气。罗伯特·欧文的"新和谐村"虽告失败,但对其后社会主义运动产生了深刻的影响。

❖ 罗伯特·欧文画像

❖ 新和谐村设计图

三、启　示

中国特色社会主义建设，不仅要以在空想社会主义基础上由马克思恩格斯创立的科学社会主义为指导，也应该从中国传统思想中所倡导的"世界大同"理念中吸取合理的成分。

第一，"天下为公，大同理想"要求我们逐步消除社会不公平现象。中国特色社会主义建设取得了重大成就，生产力得到巨大发展，人民物质文化生活水平不断提高，政治体制不断完善，社会生活变得丰富和多样化，我国在国际社会中的地位不断提升。但是，我国社会发展中依然存在一些问题，例如，发展不充分、不平衡的问题；地区之间、行业之间、不同人群之间的差异所导致的贫富差距及一些社会矛盾与问题等。这就需要从理论和实践层面，不断深化改革，着力于社会矛盾和社会问题的解决，尽力缩小贫富等差距，建立起完善的社会保障体系；政府要想群众之所想、急群众之所急、解群众之所困，在学有所教、劳有所得、病有所医、老有所养、住有所居等民生领域持续取得新进展，保证社会公平正义、安定有序。

第二，"天下为公"就是要"立党为公，执政为民"，就是要将人民群众的利益作为党的工作的出发点和落脚点。必须真正将人民的利益作为"公"的实质和"为公"的责任。在党内，要着力加强党风廉政建设，反贪污、反腐败，自觉抵制拜金主义、享乐主义的腐朽思想，正确运用人民赋予的公共权力，保持大公无私的精神品格，保证党的纯洁性和先进性。要进一步增强全心全意为人民服务的公仆意识，培养真心实意对人民负责的责任感，树立为实现广大人民群众的利益而奋斗的崇高理想。

第三,"天下为公"就是要构建人类命运共同体,最终实现共产主义。"人类命运共同体"将和平发展的中国梦与世界大同梦紧密结合起来,是实现世界大同的中国方案。习近平指出:"中国梦是和平、发展、合作、共赢的梦,与世界各国人民的美好梦想相通……不仅造福中国人民,而且造福世界人民。"因而,我们倡导以合作共赢为核心的新型国际关系。突破"零和博弈"的思维定势,反对和抑制各种各样的霸权主义,更好实现共同、开放、创新和联动发展,使各国都成为全球发展的参与者、贡献者、受益者,使各国人民共同享受生命尊严、发展成果和安全保障。新时代中国特色社会主义建设的实践,是人类社会由必然王国向自由王国迈进的必由之路。

康有为在《大同书》中写道:"大同之世,全地大同,无国土之分,无种族之异,无兵争之事。"正处于伟大民族复兴进程中的中国,在努力谋求本国发展的同时,应促进世界各国共同发展与共同繁荣,与世界各国一起共建人类命运共同体。中国梦不仅属于中国,也属于世界;它不仅承载着中华民族的伟大复兴,也肩负着维护世界和平、促进世界发展的重任。

| 中华文化的核心理念

点 评

恩格斯在总结空想社会主义之所以流为空想的原因时指出:"不成熟的理论,是和不成熟的资本主义生产状况、不成熟的阶级状况相适应的。解决社会问题的办法还隐藏在不发达的经济关系中,所以只有从头脑中产生出来。社会所表现出来的只是弊病;消除这些弊病是思维着的理性的任务。于是,就需要发明一套新的更完善的社会制度,并且通过宣传,可能时通过典型示范,从外面强加于社会。这种新的社会制度是一开始就注定要成为空想的,它越是制定得详尽周密,就越是要陷入纯粹的幻想。"而中国社会主义革命的胜利,中国特色社会主义建设巨大成就的取得就是中国共产党人坚持科学社会主义,继承和发扬中华优秀传统文化的结果。

思考题

1. 欧文的"新和谐村"为什么会失败?
2. 道家的"小国寡民"和儒家的"大同社会"的区别是什么?
3. 在新时代,如何做到"各安其所"?

第二章
六合同风、四海一家的大一统传统

> 春秋时期，孔子修订《春秋》，包含"大一统"思想。到了秦汉时期，"大一统"已成为当时政治思想领域中的主流。基于这种认识，各族人民都把维护国家统一看作天经地义、义不容辞的神圣使命与责任。尽管在一些历史时期也曾出现过分裂局面，但统一始终是主流。而且不论分裂的时间有多长、分裂的局面有多严重，最终都会重新走向统一。
>
> ——2011年，习近平同志在中央党校秋季学期开学典礼上的讲话

"大一统"思想在中国由来已久。落实到实践层面，自秦代起就形成了"大一统"的中央集权制度。汉代将儒家思想确立为官方意识形态，并建立了一整套完备有效的官制和赋税制度，国家制度与文化引领逐步合一。这一治理模式延续了数千年，有效维护了中国大一统的政治局面。体现在个人和社会的思想层面，"大一统"主要表现为一种浓烈的家国情怀。可以这样说，家国情怀是个人精神生命萌发的起点，是人生境界抵达高远的第一级阶梯。回顾五千年文明历程，中华民族历来崇尚家国大义。文明前行的每一步，都生动展现了"家"与"国"同频共振、同声相应的历

史画卷。中华文明在长期发展演变中逐步呈现出独特的伦理气质，并由此形成了传统社会"家国一体"的同心圆结构。家是最小的国，国是最大的家。个体处于同心圆的中心，环环相扣，层层递进，不断外推，由家及国以至于天下。家国情怀，可以说是中华儿女颠扑不破的精神乡愁。

一、大一统传统的基本内涵

无论从历史还是现实来说，构成大一统核心的"家国情怀"是一种人类的共通意识。但中国人的家国情怀尤其浓烈，这是由我们的历史和文化造就的，因此有其特殊性。著名历史学家许倬云有个论断，他说："中国经济体系，一旦编织成形，可以扩张，却难以裂解。如果分裂为几个地区性的网络，仍会回到整体大网。因此，中国历史上，国家分裂时，经济的重新整合，常早于政权的统一。"中华文明是建立在多民族大融合基础之上的经济共同体、命运共同体。因此，"家国情怀"是中华优秀传统文化的基本内涵之一。

所谓"家国情怀"，是每个社会成员对共同体的一种认同，并促使其发展的思想和理念。大致说来，"家国情怀"的基本内涵主要包括家国同构、共同体意识和仁爱之情；其实现路径强调借由道德践履的个人修身，到重视伦理关系的家族亲情，到心怀天下、天下为公的大同之境。它不仅强调重视与行孝尽忠、民族精神、爱国主义、乡土观念、天下为公等传统文化的密切联系，同时又是对这些传统文化的扬弃和超越。

在中华文明的初创时期——氏族社会，家就是部落的基本单位。从有血缘关系的家、家族、胞族，慢慢扩展到非血缘关系的部落联盟，就构成了最早的准国家性质的社会。众所周知，中国文化重要的发源地之一是黄河流域的河岔地带（钱穆先生在《中国文化史导论》中曾说道："中国文化发生，精密言之，并不赖藉于黄河本身，他所依凭的是黄河的各条支流。每一支流之两岸和其流进黄河时两水相交的那一个角里，却是古代中国文化之摇篮。"）。黄河中游地区支流众多，比较大的有渭河、泾河、洛河、汾河、伊河等，它们在流入黄河的时候，携带的泥沙堆积成大大小小适宜耕作的河岔地带。先民们聚集于此，形成了大大小小不同的部落。具有浓厚血缘关系的部族在交往的过程中，通过相互交融，最终形成了几个大的部落联盟（最具代表性的是炎帝、黄帝、蚩尤等），建构起了华夏文明的骨骼。华夏文明与其他早期文明（如两河流域的古巴比伦文明、尼罗河流域的古埃及文明、恒河流域的古印度文明）大不相同。其中非常重要的一点是其他文明在地域面积上相对较小，而华夏文明则地域面积非常辽阔。因此古代其他文明易于被野蛮部落颠覆，而华夏文明则保持了比较强的抗侵略能力（也就是说，由于华夏文明的地理范围比较大，因此北方的蛮族很难在很短的时间内取得对中原的军事胜利。即便通过较长的时间占据了中原地区，也最终会臣服于中原的文化），最终也成为世界历史上唯一未曾中断的文明。

"夏传子，家天下"（大禹临终前禅让给了益，但其子启杀益取代。由是开始了王位由父子世代相传的"世袭"制，"天下为公"的原始社会被"天下为家"的奴隶社会所代替），这是《三字经》对夏朝的描述，也是中国社会家国一体的基本史实。尽管此后在国家层面上，血缘关系的实际意义有所淡化，但它一直是中国社会结构的精神纽带。调整和处理家庭关系所形成的伦理准则在社会的演变过程中，逐渐演变为用于治国的基本政治原则。例

中华文化的核心理念

如家庭关系里非常重要的一项伦理原则——孝，在儒家典籍《孝经》中被和"忠"联系起来，强调真正的孝首先是"忠"，"忠"是"孝"的发展和扩大等。以此可知，治家与治国具有内通性。《大学》中的"治国必先齐其家""一家仁，一国兴仁"等，说的都是这个意思。

家国情怀在中国历史上源远流长。早在先秦时，《孟子·离娄上》就讲道："天下之本在国，国之本在家，家之本在身。"也就是说，天下的基础是国，国的基础是家，家的基础是个人。而《礼记·大学》的"三纲八目"，就从家国讲起。其中有这么一段耳熟能详的话，说要达到"明明德""亲民""止于至善"，必须经由格物致知、修齐治平。正所谓"物格而后知至，知至而后意诚，意诚而后心正，心正而后身修，身修而后家齐，家齐而后国治，国治而后天下平"。可以说，建立在修身齐家基础之上的家国情怀是贯穿中华传统文化的一条主脉，几千年绵延不断，影响从政治结构到民间心理的方方面面。家国情怀究其本是一种哲学意识，是人对其本——家与国的意识。与别的哲学意识不同的是，家国意识的突出特点是情理合一。在生活中，家国情怀与其说体现为一种理念，还不如说更多地体现为一种情感——一种既厚重又绵长的家国浓情。大致说来，体现中华优秀传统文化的"家国情怀"有一个显著的特征，那就是它强调家与国的内在统一性。南宋著名爱国诗人陆游临终前的《示儿》一诗中这样写道："死去元知万事空，但悲不见九州同。王师北定中原日，家祭无忘告乃翁。"有人评价此诗"悲壮沉痛""可泣鬼神"，当为平实之论。短短数语，无比光明磊落，激动人心！诗人临终时复杂的思想情绪和忧国忧民的爱国情怀跃然纸上，这就是家国情怀的最好说明。

家国情怀不仅讲家国一体，而且强调国与族的统一性。早在

第二章　六合同风、四海一家的大一统传统

先秦时期，就有"夷夏之辨"的概念。古人在论述此概念时着意强调周边少数民族同华夏的区别。然而，与西方种族论不同，中华文明中的夷夏之辨只表现为文化上的优越感。历史上，除正义性的保卫华夏时的武装外征外，中国古代很少有无故征伐周边"四夷"的历史行为，因为这会被看成是"不仁"和"无德"。更重要的是，从更深层次来看，"华夷之辨"的观念促成的是一种凝重执着的民族凝聚力和向心力，凝聚成一种强大的精神力量，顽强地抵抗异族的征服。梁启超先生说过：华夏民族，非一族所成。太古以来，诸族错居，接触交通，各去小异而大同，渐化合以成一族之形，后世所谓诸夏是也。（《饮冰室合集》）这就是说，中国这块大地上，存在过许多民族。这许多民族，不管是共时态存在还是历时态存在，均可以寻到某种内在的关系的化合。通俗说来，华夏民族不仅存在着血缘性的关系，也还存在社会性的关系，其中最主要的是文化关系。通过文化的纽带，将非血缘关系的不同民族逐渐聚拢在一起。当这种文化关系内化为民族精神的时候，就具有了类血缘的意义。从这个意义上来说，中华民族不只具有自然的血缘性，还具有文化的血缘性。显然，文化的血缘性更深沉，更具有持久性。

基于上述分析可以看出，家国情怀是中华民族深沉的文化基因。它不仅广泛存在于文人墨客的诗句散文中，更见之于推动社会、民族繁荣发展的实践中。汉代司马迁在《报任安书》中体现的"常思奋不顾身，以徇国家之急"的牺牲精神、宋代陆游在《病起书怀》中抒发的"位卑未敢忘忧国"的报国豪情、明清之际顾炎武在《日知录》中提出的"保天下者，匹夫之贱，与有责焉耳矣"（后被梁启超精炼为"天下兴亡、匹夫有责"）等，成为渗透在每一代中国人核心价值理念中的共识。这种共识既来自个人

对客观历史的认知,也体现出了个人对国家共同体中维护其他同胞利益的责任感,更成为中华文化中象征着自强、自尊和自爱的集体文化基因。在不同的历史、不同的时代背景之下,每当中华民族面临危机存亡之际,爱国主义总有其特定的历史含义——家国情怀。

特别需要指出的是,中华民族的家国情怀同时还指向"天下情怀"。虽然中国古代于中国之外的世界知之甚少,但并不缺少世界意识。不过,需要注意的是,中国观念的"天下",并不仅仅是指地理上的范围,它首先是一种道德文明秩序。"天下"概念的提出,最初就是作为一个超逾特定部族与地域的想象。先秦"天下"观念的成熟和定型,在春秋战国时期经由诸子百家的阐发,为不同学说派别提供了一个具有共同历史文化背景的思考框架。借助这一框架,先秦诸子发展出各不相同的历史叙述、哲学论辩和政治论说。

而在谈到"天下"的时候,中国古代总是将它和"公"与"太平"联系在一起,表现出非常可贵的平等、友爱、和平理念。《老子》说:"修之于天下,其德乃普。"认为只有以天下为怀,其德才能称得上"普"。《管子》云:"以家为家,以乡为乡,以国为国,以天下为天下。"他的意思是,处理不同的事,要有不同的胸怀,处理天下事,要有天下胸怀。《礼记》引录孔子的话——"天下为公"。"公"可以理解为公正、公平、合理,强调人与人之间、诸侯国与诸侯国之间、诸侯国与中央政权之间的相处等,要友爱,要互利,要公平。这样的理念,贯穿在中国历史的发展长河中。例如宋代的时候,少数民族政权(契丹建立的辽、党项建立的西夏、女真建立的金)并立,如何突破国家的藩篱,建立一个太平的天下,成为优秀知识分子的思虑焦点。显然,这是家国情怀的放大版——天下情怀。这一精神在范仲淹的名文《岳阳楼记》中得到了充分地彰显。其文曰："先天下之忧而忧，后天下之乐而乐。"这不仅是社会精英的理想，更是引导前行的动力。关学创始人张载将这一理想从哲学层面做了进一步的阐发。张载倡言："为天地立心，为生民立命，为往圣继绝学，为万世开太平"（范仲淹和张载两人过往甚密。《宋元学案》说道：范仲淹"一生粹然无疵，而导横渠以入圣人之室，尤为有功"）。太平有两义，一是人与自然之间和谐，这中间含有生态平衡之义。二是人与人之间和谐。由于"太平"概念视界阔大，这种人与人之间的和谐主要是指国与国之间的友好相处，这种友好相处就是没有战争。这万世的太平、永久的太平如何来？张载提出了"开"这一重要理念。既然是"开"就不能靠等，靠恩赐，事实是太平等不来，也没有谁能恩赐。"开"，就是开拓、开发、开创。它需要最大的努力、最高的智慧，必要时也会有最大的牺牲。开国领袖毛泽东写有"孩儿立志出乡关，学不成名誓不还。埋骨何须桑梓地，人生何处不青山。"这首诗不仅表达了毛泽东对父亲的深厚感情，也表达了他远大的志向。

家国情怀是一盏灯，经过岁月的洗礼，会留下永不磨灭的意义。因为它不仅仅是对自我成就的一种希冀，更是对天下同胞的一种奉献和情感寄托。家国情怀之所以崇高，也正是在于其中所体现出来的奉献精神。在今天，中国从不缺少民族脊梁，他们既是程开甲、邓稼先、袁隆平、张福清、屠呦呦、路遥、南仁东等爱国主义者，他们也是吕保民、郎平、王有德、格桑德吉、李春燕等爱国主义者……中华民族之所以能生生不息、不断发展强大，就是因为有成千上万这样的脊梁。他们虽然身处不同岗位，社会职责有别，但是他们身上都体现了中国人的爱国主义精神和家国情怀，他们为国家的繁荣作出了自己的贡献。

二、案 例

1. 路遥——农民的儿子，黄土地的精神脊梁

路遥曾深情地说："在生活中还是平凡的人、普通的人最多，我写《平凡的世界》最基本的想法，就是写普通人……我是带着深挚感情来写中国农民的，我觉得对他们先要有深切的体验，才能理解他们，写好他们。"正是因为扎根于人民，路遥的作品直到今天仍然拥有旺盛的生命力。

路遥生于陕北一个偏僻、贫困的小山村。童年与少年时代苦难的人生经历，成为路遥一生都难以排遣的生命记忆。后来，他借用《在困难的日子里》主人公马建强的心理活动，说出自己对困难的理解："正是这贫困的土地和土地一样贫困的父老乡亲们，已经教给了我负重的耐力和殉难的品格——因而我又觉得自己在精神上是富有的。"

改革开放之初，就在许多作家忙于创作"伤痕文学""反思文学"之时，路遥却以深沉严峻的历史眼光，敏锐地关注着生活在黄土地皱褶里的普通劳动者的生活变迁和悲欢离合，把自己的全部感情都融汇到普通劳动者的身上。他在"城乡交叉地带"这个属于自己独特生命体验的区位，找到了文学表达的发力点。1981年，路遥创作完成了中篇小说《人生》（主要探讨了中国广大农村有志有为青年的人生出路问题）。1982年，《人生》在《收获》杂志发表后，引起巨大反响，为路遥带来了巨大的声誉。但他毅然从成功的幸福中抽身，进行更加艰苦的文学远征。

第二章　六合同风、四海一家的大一统传统

❖ 路遥

　　1983年以后，路遥潜心创作多卷本长篇小说《平凡的世界》，用现实主义的方式全景式地书写中国1975年至1985年十年间的城乡社会变化。他虽然只是以平民的视角、朴实的语言、百姓的故事展现了一个平凡的世界，但该书的长销不衰，充分说明了《平凡的世界》的不平凡。它的可贵之处在于把读者带到了更高的精神世界和更深的心灵世界。今天，在朝着中华民族伟大复兴奋进的道路上，我们的人民，特别是青年一代仍然能从书中得到激励，得到为梦想而奋斗的动力与鼓舞。

　　路遥苦难的人生旅程，诠释了他"像牛一样劳动，像土地一样奉献"的人生真谛。这不由得让我们想起鲁迅先生的一句话：吃的是草，挤出来的是牛奶。这也正是路遥平凡而又短暂一生的写照。路遥是农民的儿子，他深深地爱着这片土地，爱着这片土地上生活着的平凡的人们。他和他的作品奉献出的精神食粮，激励了和正在激励着平凡世界里的人们于逆境中自强不息，在苦难中搏击人生！

2. 曾宪梓——对己克勤克俭，为国慷慨解囊

"金利来，男人的世界"，曾经是一代人共同的记忆。

作为20世纪70年代创业成功的香港"领带大王"，曾宪梓对己克勤克俭，为国则慷慨解囊。在他心底，埋着一颗年轻时种下的种子——报效祖国。自1978年开始，他的捐款便连绵不断地投向内地的教育、体育、航天、公益，汇成他报效祖国的一股股清流。他常说："只要生意不破产，只要我曾宪梓还活着，我对祖国的回报，就一天也不中断。"

曾宪梓20世纪70年代开始，便无间断地捐献资助国家及家乡梅州的教育事业。1992年，曾宪梓与国家教委合作，设立了曾宪梓教育基金会。他为基金会的成立捐赠港币1亿元。1993年至1999年，基金会连续奖励了高等师范院校、教育学院、中等师范学校（包括幼师及教师进修学校）及师范性较强的综合性大专院校中有成就、有贡献的优秀教师共7028人，金额达4502万元人民币，鼓励并促进优秀教师到师范院校任教。

由2000年起，曾宪梓教育基金会实施"优秀大学生奖学金计划"，用于奖励家境贫寒及在高等院校就读的品学兼优的学生，旨在支持学生们在学期间勤奋学习、友爱助人、取得优异成绩，毕业后报效祖国，成长为国家的栋梁之才。计划实施6年来，参与此计划的高校包括北京大学、清华大学、北京师范大学、复旦大学、西安交通大学等35所重点大学，捐资总额逾4520万元人民币，资助奖励优秀大学生12250人次，为祖国教育事业作出了重大的贡献。

1995年，在西安交通大学百年校庆时，曾宪梓捐资500万元，为学校修建大礼堂；2007年，他先是捐资人民币500万元支持陕

西省教育发展，后又捐出人民币100万元予陕西省延安中学兴建"曾宪梓图书艺术楼"，为师生们创造更理想的学习环境。

❖ 曾宪梓的家国情怀

作为有名望的企业家、社会贤达，曾宪梓全力以赴，支持内地改革开放。他是最早一批为内地改革建言献策的香港企业家，也是最早投资内地者之一。他联络、动员、组织大批志同道合者一起到内地投资办厂，为内地经济的发展贡献自己的力量。在香港回归这一历史性事件中，曾宪梓以其高度的历史责任感，作出了独特的贡献。他组织爱国团体，支持国家对香港恢复行使主权；他搜集整理各方意见，积极参与回归政策制定；香港出现市场动荡，他带头做稳定工作；英方制造障碍，他敢言善言，批驳错误言论。他说道："不论谁损害我们国家，伤害香港，我都不会允许，都要据理力争"。在五星红旗升起、香港回归那一刻，他禁不住心潮澎湃，高呼"祖国万岁"。那一刻也成为他一生最骄傲、最高兴的时光而长留心间。

晚年，曾宪梓更关注传承家国情怀。他把对家业和对祖国的责任一起传给三个儿子，更以真挚的情感教导家乡学子一定要

"大气、爱国"。这就是曾宪梓，一个心中时刻装着国家、倾力支持改革开放的香港企业家。

三、启 示

家国情怀是使命，是担当，更是激人奋进的磅礴力量。党员干部怀有浓厚的"家国情怀"，把千万个家庭的幸福生活作为自己的奋斗目标，才能实现家兴国兴，才能实现国家统一、人民富强。

第一，修身齐家是家国情怀的实践起点。家庭是个体自然生命的起点，也是精神生命的源泉。对家庭的热爱，是传统家国情怀的根基所在。唐代诗人孟郊《游子吟》云："慈母手中线，游子身上衣。临行密密缝，意恐迟迟归。"古往今来，无数奋斗着的中国人，怀揣着对"家"的温情想象，奔走在城市的车水马龙间，劳作在希望的田野中。我们看到，无论是《大学》中"修身齐家治国平天下"的成德次序，还是"老吾老以及人之老"的爱意延伸，家庭始终是个人发展、社会稳定、天下和谐的现实根基。

小事见情怀，"小家"筑"大家"。今天，我们或许不需要"抛头颅、洒热血"，但身负历史发展使命；我们或许做不出"惊天动地"的成绩，但能做一颗小小的"螺丝钉""铺路石"，在平凡的岗位上发光发热。我们有信仰、有情怀、有担当，能够与时代同进步、与国家同发展，即使再小的力量，也能推动中华民族这艘巨轮滚滚向前，永不止步。

第二，涵养家国情怀要知行合一，发扬时代精神。"知责任者，大丈夫之始也；行责任者，大丈夫之终也。"知行合一是"达则兼济天下，穷则独善其身"的丹心，是"苟利国家生死以，岂因祸福避趋之"的决心，是"安得广厦千万间，大庇天下寒士俱欢颜"的爱心。知责尽责是家国情怀的内核,是为党为国为人民的力量之基。党员干部心中有责,行中尽责,方能超越"小我",完成"大我"。古人云:"欲安其家,必先安于国。"爱国不是抽象的,而是将家国统一起来,由家及国的辩证发展。孟子云:"先立乎其大者,则其小者弗能夺也!"修身齐家要有大胸怀,一个人不能只关注自己的"小清新""小确幸"的"日常",而需要将个人发展与国家、民族联系起来,在更为广阔的世界中实现人生价值。在新时代的奋斗者中,我们看到年轻的边防战士、忙碌的交通警察、穿梭于大街小巷的快递小哥……他们前行的每一步都有一个小家在温暖守候。同时,他们前行的每一步也点亮了祖国发展的万家灯火。

第三,国之大业任重道远,仍需栉风沐雨砥砺前行。屈原在《离骚》中的名垂千古的爱国诗句——"亦余心之所向兮,虽九死其犹未悔",当为新时代中华民族崛起矢志不忘的座右铭。党员干部要懂得"有国才有家""家国一体"的道理,把浓厚的家国情怀投入国家事业之中。中华人民共和国取得的辉煌成就,来之不易,太多的人为了国家安宁、人民幸福牺牲自己,我们要感同身受,激发使命担当。千帆竞发、百舸争流,广大党员干部要不忘初心,披荆斩棘地继续前行。

| 中华文化的核心理念

点评

今天的中国屹立在世界东方，由家国情怀而涵养的爱国主义精神不仅是每一个中国人家国情怀的自我体认，也是中华文明的文化自觉和自我认同。今天的中国由56个民族组成，经过近代历史的洗礼和现代社会阐扬，各族人民秉承和而不同的基本理念，克服了地域、习俗、宗教等方方面面的差异最终走到一起，共同拥有和建设了今天的中国，并共同拥有和共享了为全世界人民所公认的名字：中国人。党的十九届四中全会提出"坚持各民族一律平等，铸牢中华民族共同体意识，实现共同团结奋斗、共同繁荣发展的显著优势"。这不仅意味着党对铸牢中华民族共同体意识的极度重视，也表明铸牢中华民族共同体是实现中华民族伟大复兴的关键。而家国情怀与文化自觉正是铸牢中华民族共同体意识的情感归宿与文化基础。对外而言，爱国主义精神体现着整个中华文明的自尊与自强，是中华文明共同体的价值共识；对内而言，它还体现着中国各族人民对平等、尊重、互爱以及共建美好家园的一致愿望，是中国各族人民共同的追求和体认。奠基于中华民族古老文明的爱国主义精神虽久经风霜，却无疑在当今世界大放异彩。

思考题

1. 怎样理解夷夏之辨？
2. 新时代如何推动实现祖国统一？

第三章
德主刑辅、以德化人的德治主张

> 法律规范人们的行为，可以强制性地惩罚违法行为，但不能代替解决人们思想道德的问题。我国历来就有德刑相辅、儒法并用的思想。法是他律，德是自律，需要二者并用。如果人人都能自觉进行道德约束，违法的事情就会大大减少，遵守法律也就会有更深厚的基础。
>
> ——2014年1月7日，习近平同志在发表《严格执法，公正司法》讲话中强调

党的十九大报告提出，中国特色社会主义要现代化，实现国家治理体系和治理能力的现代化是其中重要一条。中华民族在漫长的历史进程中创造了丰富的灿烂文化，积累了丰富的治国理政经验，其中德主刑辅、以德化人的德治主张，强调在治理国家的过程中，要德刑结合，即以德礼教化为主，教化无效时再辅之以刑罚的思想。这一主张在建设社会主义法治国家的今天，具有重要的借鉴意义。

一、德治思想的提出及基本内涵

西周时期，周公提出了"明德慎罚"思想，"明德"，就是提

倡崇尚与敬畏德性;"慎罚",就是用刑谨慎,不乱罚无罪,不滥用刑罚。春秋末期,社会动荡,周天子式微,诸侯争雄,孔子在继承周公思想的基础上,提出以德治国的一系列思想,从而开创了儒家德治思想的先河。《论语·为政》曰:"为政以德,譬如北辰,居其所而众星共之。"孔子所讲的德,偏重于君子之德,告诉人们应当如何做君子,期望建设一个礼治社会。他倡导以德礼教化的方式来治理社会,他告诫鲁国大夫季康子的"政者,正也。子帅以正,孰敢不正",强调治国者要发挥表率作用,以教化百姓。作为古代伟大的教育家,他开办私学,传播德治思想学说。在他看来,统治者要对百姓"富之、庶之、教之",即以德教化。孔子说:"道之以政,齐之以刑,民免而无耻。道之以德,齐之以礼,有耻且格。"这表明,单纯依靠政令刑罚,百姓虽然不敢犯罪,但不会有羞耻之心;如果实施德政和礼乐制度,百姓不但不会犯罪,而且还有羞耻之心。实施德政更能激发百姓遵守法律的自觉性。在德刑的逻辑关系上,他主张先教后刑,先德后刑,"不教而杀谓之虐",可见德治教化在孔子的思想中占有重要地位。他虽然强调要警惕过度运用刑罚手段而对社会造成的负面影响,但仍然认为德刑二者相互衔接,不可偏废。《论语》中,孔子针对郑国盗贼横行的状况,提出"宽猛相济"原则,"宽以济猛,猛以济宽,政是以和",指出德刑二者交替使用的重要性。孔子的思想将"明德慎刑"理念推进了一大步。

西汉时期,德主刑辅思想得以发展并落实到执政现实中。西汉初年,"缇萦救父"一例引起文帝的深刻反思。汉文帝十三年(前167),齐国看守太仓的官员淳于意犯了罪,按律应押解赴长安受审处刑,淳于意的小女儿缇萦想到父亲一路劳顿,遂随父而行,一路为父亲伺奉汤药,使其父平安抵达长安。抵长安后,缇萦上

第三章　德主刑辅、以德化人的德治主张

书文帝，哭诉刑法无情，她说，小女的父亲虽是小官，但在齐为官时，因廉洁受到人们称赞，现在他因触犯法律而要被处死。我所忧伤的是被处死的人不能再生，受过肉刑的人不能再恢复原状，就是以后想要改过自新，也失去了能改过自新的机会。小女情愿投入官府为奴婢，来赎救父亲要受的肉刑，使父亲可以得到重新做人的机会。汉文帝感动于缇萦的孝心，深感苛法对百姓的危害，因而作出了废除苛刑的决定，为汉代确立德主刑辅的德治奠定了基础。

汉武帝时期，董仲舒在继承儒家思想的基础上，对德刑关系有了新的阐发。他提出"任德不任刑"的治国思想，一方面强调德性教育的重要性，不但百姓应当有德，而且帝王更应有政德；另一方面，重德性并不是不讲刑罚，"庆赏刑罚之不可不具也，犹春夏秋冬不可不备也"。他以阴阳学说作比附，以"天人感应"为先导，"德主刑辅"思想进一步神秘化了。他将德与刑之间的关系概括为"阳德阴刑"，"刑者，德之辅也"，被认为是"德主刑辅"思想的史料依据。他认为"德主"有两个原因：一是从神秘角度看，因为上天以阳为主，以阴辅阳，因而帝王应当体察天意，以德为主，以刑辅德。二是从现实社会看，他将人性分为三品，性善者为上品，人数少，上天赋予其教化百姓的使命；性恶者为下品，此类人数量也少，教化不足劝其善，唯有以刑威慑之；性兼善恶者为中品，中品之人占大多数，他们在善恶之间游离，既能为善，亦可为恶，只有对其施以教化才能使之为善。作为统治者，不能一概而论，而应针对不同品行之人采用不同治理手段，对社会主要人群施以德政教化，对少数人施以刑罚。董仲舒对儒家德治思想的阐发，构成了这一思想的基石。贵德贱刑、先德后刑、大德小刑、近德远刑等提法都是对德治思想的进一步表达。

此后，儒家德治思想成为历代统治者治理国家的指导思想之一。总结中国古代传统思想和价值，"法吏坚主'法治'，法足以应时代的要求……差不多都是衍战国时代法家的余绪。但经这一场大论战之后，两千年以来就算有很少主持'法治'的人，但已非法家的真面目，所以还是儒家的'礼治'或'德主刑辅'说最为得势"。

就德治思想的内涵而言，可以从两个方面进行思考：

1. 德主刑辅是基于德刑二者关系的思考

德刑关系，即"德教"与"刑罚"孰轻孰重的问题。中国文化中很早就有德刑关系的记录。《左传》曰："伐叛，刑也；柔服，德也。"《国语·晋语》"御宄以德，御奸以刑。德刑不立，奸宄并至。"可见，德刑关系反映出古人在治理国家过程中灵活运用怀柔与征伐这两种政治原则的能力。春秋战国时期百家争鸣，原本德刑结合在一起的治国手段，分裂为先秦儒法两家各执一端，分别以两种不同价值观念、不同政治理念的治理模式争取帝王支持。透过儒家对"德与力""王与霸"的不同价值判断，可以看出儒家认为"德主刑辅"说的思想实质是道德教化在社会治理中具有比刑罚更为积极的作用。张国华认为："在儒家看来，教化可以'防患于未然'，可以起到严刑峻法所不能起的作用：既能麻痹人民斗志，又有利于使统治阶级的思想比较迅速地成为整个社会的统治思想。"实际上，道德教化是传统文化的主要功能，古代刑法只是道德的附庸和体现，丧失了独立性。近代梁启超提出"德治主义"的德治论，以区分法家的"法治主义""物治主义"。他认为儒家的德治主张并不等同于"人治主义"，不是简单地将治理国家的希望寄托在圣君明主身上，而是希望帝王能够履行教化之责任，提高百姓的道德素质和自治能力。"儒家固希望圣君贤相，然所希望者，非在其治民莅事也，而在其'化民成俗'。"梁启超强调教化的重要作用，也认为中国政治的兴旺关键在教化之后百姓的政治素质。

2. 德主刑辅是一种广泛意义的治国方略

德主刑辅是儒家"礼治"思想的核心内容，德的内涵不仅仅包含百姓的道德教化，还包括了尊重民意、以民为本等统治者的道德素质要求。在传统社会，统治者面临着执政的合法性和正当性问题。"名不正，则言不顺。言不顺，则事不成。事不成，则礼乐不兴。礼乐不兴，则刑罚不中。"因此统治者必须重视修德，行王道，明礼义，守秩序，顺正统，勿僭越，才能得民心，得民财。

二、案　例

1. 郑人子产不毁乡校

《左传》一书记载了郑人子产不毁乡校一事：春秋时期，郑国大夫子产十分著名，他在郑国执政二十多年间，使处在晋楚两个大国之间的弱小郑国得以保全，受到郑国人民的推崇和尊重。郑国曾经盗贼横行，子产通过设立"乡校"的形式，不但起到了教化民众的作用，而且吸引了一批文化人在此议论国家大事，评说当权者的得失，引起部分官员的不满，他们试图铲掉"乡校"。一位名叫然明的官员向子产抱怨，提议废除"乡校"，询问子产的意见。子产听后十分不满，训诫他说："为什么呢？人们早晚没事的时候，到那里玩一玩，聚一聚，议论国家的大事，有什么不好呢!""他们不过是议论议论嘛!他们认为好的,所称赞的事情,我们就推行它;他们所厌恶的我们就改正。他们是我们的老师,为什么要废掉'乡学'呢?我只听说过:用忠勇善良能减少人们的怨恨,没听说作威作福能堵住人们的怨恨啊!凭着威势来制止人们的议论,就像防止河水泛滥一样,到头来大水一旦冲垮了堤坝,会使更多的人受到伤害,倒不如开个小口,疏导水流,所以不如平日让我们听取他们的议论并把它当成苦口的良药吧!"一席话,令然明难以作答,他说:"从今以后,我知道您确实是能成就大事的人。照您这么做,确实有利于我们的国家,哪里只会有利于几位执政的大臣呢?"孔子听闻此事后,对子产很是佩服,他说:"从这事看来,别人说子产不仁,我根本就不相信啊!"

因此,在《论语·宪问》中,有人问孔子:子产这人如何?孔子曰:"惠人也。"意思是说子产是一个宽厚慈爱,能施惠于民的人。子产临终前,担心世叔没有德威,宽政则乱,劝他一定要以猛济宽。子产死后,世叔不忍心施行猛政,仍施行宽政,结果郑国盗贼横行,政府不得不派兵镇压。无论宽政还是猛政,都是为了百姓着想。《左传·昭公二十年》记载:子产卒,仲尼闻之,出涕曰:"古之遗爱也。"

从这个故事可以看到,孔子对子产的赞赏缘于子产能够施行仁政,重视道德教化,通过反对取消"乡校"这件事,反映出孔子以德化人的德治观,在德与刑的关系上,孔子也赞赏子产能够"宽猛相济",赞赏子产有上古三代的遗风。孔子对管仲也有过评价,在《论语·宪问》中,三评管仲,一评管仲"人也",二评管仲"如其仁",三评管仲"相桓公,霸诸侯,一匡天下,民到于今受其赐"。被后世认为是法家人物的管仲,却受到儒家孔子如此高的评价,可见在孔子的道德世界里,德与刑、儒与法并不应该做对立理解,而是互相依存,并且德主刑辅的。所以德主刑辅思想表达了古代儒家在治理国家过程中的深入思考,反映了儒家在德刑关系上的鲜明态度。

2. 桐乡"三治融合"的经验

"古有梧桐,凤凰来栖。"桐乡因古时遍栽梧桐树,寓意"梧桐之乡"而得名。它位于浙江省北部,是嘉兴市人口最多的地区。2018年末总人口约79万,2018年,全市实现地区生产总值893.5亿元,财政总收入129.4亿元,其中一般公共预算收入72.4亿元,城镇居民人均可支配收入5.57万元、农村居民人均可支配收入3.42万元。桐乡经济发达,产业特色鲜明,综合实力稳居全国百强县(市)前列。桐乡是全国首个旅游综合改革试点县和中国优秀旅游城市。2018年,全市共接待游客2287万人次,实现旅游收入282亿元。桐乡还是世界互联网大会永久举办城市,乌镇峰会已成为中国与世界互联互通的国际平台、国际互联网共享共治的中国平台。借助世界互联网大会的举办,桐乡成为全国网络基础设施最好的地区之一,公共场所免费WIFI基本实现全覆盖,5G网络率先试点,是全国首个获批建设国际互联网数据专用通道的县级市。桐乡社会和谐稳定,百姓安居乐业,是全国和谐社区建设示范市。发源于桐乡的自治、法治、德治基层社会治理模式被写入党的十九大报告,桐乡成为全国"三治融合"的示范地。

桐乡的全面快速发展,得益于合理的基层治理。多年来,桐乡市在浙江省率先探索推进德治、法治、自治相结合的"三治"建设,注重体制机制建设和方法创新。以德治为基扬正气,以法治为要强保障,以自治为本添活力,强化政府、社会组织、基层自治组织、企业、群众个体等多元主体的互动和参与,增强道德在规范社会行为、调解利益关系、解决社会问题、协调社会关系中的约束力，树立社会主义法治理念，发挥其在社会治理中的核心作用，善于运用法治理念、法治思维和法治方式去解决改革发展稳定中遇到的各类问题，进一步提高政府依法行政、公民依法行事、社会依法运行的意识和能力，通过引导基层组织和公民个人进行自我管理、自我教育、自我监督、自我服务，有效释放了社会各方主体的活力，进一步增强社会协同能力，为全国提供了一个鲜活的基层实践样本。

德治：强调以社会主义核心价值观促进桐乡社会治理体系和治理能力现代化。一是营造德治氛围。通过设立德孝主题公园、文化礼堂，开授道德讲堂，广泛开展道德主题教育活动，引导人们树立高尚道德情操，自觉抵制低级趣味，同时通过实施文化惠民工程，繁荣百姓精神文化生活。二是树立先进典型。通过在全市开展"五有市民""四好家庭""四型社会"和"好干部"等道德评选活动，弘扬正气，奠基正能量，打造桐乡良好民风、家风、社风、党风和政风。三是强化制度建设。以规促德，结合桐乡群众生活实际，指导基层社会制定符合当地特色的村规民约、居民公约、行业守则、职业规范，促进制度自觉内化为人们日常工作生活的基本遵循。

法治：强调以社会主义法治建设为统领，促进桐乡法治政府、法治社会建设。一是大力落实法治桐乡建设。通过设立"法治驿站""义工法律诊所""板凳法庭"等社区组织，将法治精神的触角伸向桐乡的每一个角落，促进普法活动走向深入，增强全民法治观念。二是树立法治思维。通过对政府各级部门工作人员开展法治教育，树立法治精神，建设覆盖桐乡市、镇、村三级的法律服务团，为桐乡社会发展提供强有力的法治保障。三是制定精细化的法治制度。通过将12个镇（街道）、33个行政执法部门的依法行政行为具化为45个计分指标，在浙江省率先创立"依法行政指数"评估和发布。深化政务公开，加强执法检查，健全重大事项通报等制度。

自治：强调以人民为中心理念，激活和调动社会多元主体的积极性。一是推进社区自治。开展"基层组织去机关化"行动，健全完善"三委联动"等社区服务群众工作机制，搭建百姓参政团、阳光议事厅、村民议事会、坊间论坛、村民论坛等不同形式的群众参政议政平台，推进基层协商民主。二是推进网格"微自治"。对桐乡各类社会组织以及管理人员进行网格化管理，同时推动网格化服务社会。三是推进社会协同治理。探索建立"社区+社工+社团"良性互动的"三社"联动新模式，注重发展壮大志愿服务队伍，设立"掌上志愿"服务平台，推动志愿服务经常化、专业化、品牌化。

三、启　示

法安天下，德润人心。把握好法律与道德、法治与德治的辩证关系，在坚持严格、规范、公正司法的同时，充分发挥以德治国的前置效果，切实发挥好司法与扬善辩证统一的社会治理功能，让社会主义核心价值观深入人心。

2016年，中共中央办公厅、国务院办公厅印发了《关于进一步把社会主义核心价值观融入法治建设的指导意见》，要求"坚持依法治国和以德治国相结合，把社会主义核心价值观融入法治国家、法治政府、法治社会建设全过程，融入科学立法、严格执法、公正司法、全民守法各环节，以法治体现道德理念、强化法律对道德建设的促进作用"。这就需要改变不相适应的习惯做法,在法律效果与社会效果相统一的考量中,充分考量办案的道德效果,注重道德风险的研判分析,把道德成效作为评价案件质量的一个重要指标。"法律是成文的道德,道德是内心的法律。"要积极彰显和弘扬社会主义良好道德风尚,加强有针对性地开展普法教育活动,要避免轻视忽视道德教育的倾向,实现以德治国与依法治国有效结合。

点 评

德主刑辅、以德化人的德治主张,是中国数千年文明延续至今的最高政治智慧,这个主张与中国传统文化相得益彰,是传统文化精神在社会治理领域的自然延伸。改革开放以来,中国共产党在坚持马克思主义中国化的基础上,致力于提升国家治理体系和治理能力现代化,坚持以德治国与依法治国相结合的实践路径,正确处理德治和法治的关系,德治是法治的支撑,法治是德治的保障,坚持以上率下、领导带头,在以德治国中发挥示范作用。这样,德主刑辅、以德化人的德治主张这一文化精髓,才能在当代散发理论的时代光芒。

思考题

1. 德主刑辅、以德化人的德治主张是否宣扬"人治",为什么?

2. 以德治国和依法治国在现实层面如何操作?

第四章
民贵君轻、政在养民的民本思想

人民立场是中国共产党的根本政治立场，是马克思主义政党区别于其他政党的显著标志。党与人民风雨同舟、生死与共，始终保持血肉联系，是党战胜一切困难和风险的根本保证，正所谓"得众则得国，失众则失国"。

——2016年7月，习近平同志在庆祝中国共产党成立95周年大会上的讲话

一、民本思想的历史发展和基本内涵

1. 民本思想的历史发展

传统民本思想是中国传统文化中源远流长的珍贵历史遗产。其产生可以追溯到早期国家形成的肇始，其具体内涵随着历史的发展不断丰富并有所演变。

最早在《尚书·五子之歌》中就记载了"民惟邦本，本固邦宁"的民本思想。大致说来，上古的民本思想有一个清晰的发展脉络，那就是从神本到人本。

中华文化的核心理念

众所周知，殷商时期国人的观念主要是"神本"思想，即国家政治生活、社会生活等各个方面都以鬼神为中心，"天命观"决定一切。但这种"神本"思想和西方的精神崇拜有着显著的差异。在殷人的观念中，"天帝"（或称"上帝"）的地位在诸神中是最高的，自然界所有的神灵都归他驱遣，人间的一切也都由他主宰。历代商王活着的时候是代表"上帝"在人间行使统治权力的最高君主，是"下帝"或"王帝"，死后则升天进入祖庙，成为"克配上帝"的"先王先公"，继续干预人间的事物。这样，中华文化在殷商时代完成了"祖先崇拜"与"上帝崇拜"的结合（在西方神话传说中，神是超自然的存在，神和人之间的界限是清晰的）。

周武革命后，周人对天命的整个理解都与殷人不同。周公提出"敬从天命，怀保小民"。意思是说，如果希望自己得到天命的保护，就需要时常体察民情，以通达天意。而且，王还应勤于国事，让人民生活幸福安康，这样才能得到天命垂念。显然，在西周的政治思想中，天意已经被民意化。虽然天命在信仰形态上仍具有神学特征，但在内容上则反映了政治民本主义，从而使得西周政治开始远离神权政治。当其时，不仅仅在上层社会是这样的认识，在普通知识分子那里，民本思想也开始得到了充分的体现。试看下面几段文字：

《左传·季梁谏追楚师》中云，"所谓道，忠于民而信于神也。上思利民，忠也；祝史正辞，信也"；"夫民，神之主也。是以圣王先成民而后致力于神"。

《左传·宫之奇谏假道》中说，"非德民不和，神不享矣。神所冯依，将在德矣"。

《战国策·赵威后问齐使》中云，"岁亦无恙耶？民亦无恙耶？王亦无恙耶？使者不说，曰：臣奉使使威后，今不问王而先问岁与民，岂先贱而后尊贵者乎？威后曰：不然，苟无岁，何以有民？苟无民，何以有君？故有舍本而问末者耶？"

类似这样的民本思想，在先秦文献里比比皆是，足以说明民本思想在中国历史中源远流长。

在春秋战国诸子百家的思想中，对民众意愿的重视也是非常重要的内容。民或者人在历史中到底应该是一个什么样的存在，或者说探究人和人之间的关系是民本思想发展的必然结果。因此，春秋战国时期的百家争鸣，在很大程度上就是关于人和人关系的一种理性思考。其主要内容包括以下几个方面：

第一，儒家所宣扬的仁。有学者认为，儒家学派的创始人孔子的思想是"仁礼之学"，其核心是"仁"。一万多字的《论语》中，把"仁"作为道德标准使用的地方就有100多次。所谓的"仁"，其核心在于处理人际关系的时候对他人有一种爱护。也可以理解为，要实现人之为人的价值，只能在社会交往中达成。体现在社会治理方面，孔子主张统治者要实行"德治"和"仁政"，要求统治者"修己以安人，修己以安百姓"。综而论之，孔子的仁学内容十分丰富，它体现了如下的逻辑：逻辑的起点是宗法等级中的血缘情爱，逻辑的展开是"爱人"，逻辑的准则是礼，逻辑的最终结果是对自我人格的体知与修炼，以达到知天命、耳顺、从心所欲不逾矩的完美境地。

战国时期，孟子由"仁"展开进一步的论述，认为儒家理想化的人应有的四种德行，分别是：恻隐之心、羞恶之心、辞让之心、是非之心。这四"心"分别代表了仁、义、礼、智四端，因此也被称为"四端"。孟子的性善论、仁义论、仁政论等都是围绕"四端"说展开的。正是由于人性本善，因此孟子进一步发挥了"老吾老以及人之老，幼吾幼以及人之幼"以及"出入为友，守望相助，疾病相扶"等主张，以此作为理想的社会秩序。同时，孟子还非常明确地提出"民为贵，社稷次之，君为轻"的主张，这些观点表明古代统治者非常重视人民对国家发展和社会和谐的决定性作用。

其实，儒家关于理想社会秩序最具体的表述见于《礼记·礼运》篇，也就是我们耳熟能详的"大道之行也，天下为公……故人不独亲其亲，不独子其子，使老有所终，壮有所用，幼有所长，矜寡孤独废疾者皆有所养"。这样的社会可以称之为"大同社会"。由孔孟倡导的儒家"仁爱"之说，在战国时期演变成为对"大同社会"的向往，此后数千年成为中国传统社会孜孜以求的理想目标。

第二，道家所倡导的道。道家学派于春秋末期由老子创立，其代表作是《老子》。该书主要述其"自然天道观"，强调效法"道"。道家主张的损有余补不足，具有浓郁的慈善意识。老子作为道家的创始人，对于阐扬人性的"善"有着相对独特的看法。《老子》云："天道无常，常与善人。"意即天道运行是无常的，但不变的则是人心之善。为此，老子提出"善者吾善之，不善者吾亦善之，德善"。这句话的意思是：以善意对待不善良的人，结果就会使他也变得善良，社会走向至善。这种说法经后世学者推演，成为后人劝善去恶的慈善道德基础，也是社会基层治理的重要观念。稍后庄子"善"的思想基本就是沿着老子的思想发展而来的。善恶报应是一种必然的伦理律令，这在道家经典中得到反复的申述。"积功累仁，祚流百世""施恩布德，世代荣昌""人行善恶，各有罪福，如影之随形，响之应声"等即是明证。一般说来，道家只有"贵生""自然"等思想在民间颇受欢迎。其实不然，道家的善恶观亦深深地影响了中国民众的善恶选择和善恶行为，并衍

第四章 民贵君轻、政在养民的民本思想

生为普通民众根深蒂固的伦理传统，在中国社会历史发展中影响深远。

第三，墨家所推行的"兼爱"。战国时期墨家的代表人物是墨子。他的主要思想主张是"兼爱"。墨子认为，只有"兼相爱"，才能"交相利"。在墨子看来，理想的社会秩序首先应该是"天下之人皆相爱，强不执弱，众不劫寡，富不侮贫，贵不傲贱，诈不欺愚"；在此基础上，还应努力营造一种"视人之家，若视其家；视人之身，若视其身"的人际关系。当然，如果生活富足，那就应该做到"多财，财以分贫也"，"有力者疾以助人，有财者勉以分人，有道者劝以教人。若此，则饥者得食，寒者得衣，乱者得治"。如此，百姓才能安居乐业，天下太平。这其实就是一种朴素的平等观。一般认为，最晚到了西汉前期，由于汉武帝采用"罢黜百家，独尊儒术"的文化政策，墨家思想消失了。其实不然，现代思想大家李泽厚就认为，墨家作为一个学派虽然在汉以后的历史上少有影响，但其思想学术却长期存在于社会下层，特别是王朝末期时，那些农民运动提出诸如均田免粮等口号，其实就是墨家思想的再现。此说当为平实之论。

除此而外，诸子百家中晏子主张为官者要"爱民"，提出"德莫高于爱民，行莫贱于害民"；管子提出"政之所兴，在顺民心，政之所废，在逆民心"等主张，都在一定程度上反映了朴素的民本思想。

汉唐时期，民本思想已有了进一步地发展。在这一时期，民本思想全面实行。西汉思想家贾谊认为，民为国之根本，君主在施政过程中，要从惠民、爱民和慎刑三个方面真正做到以民为本。唐太宗李世民把敬民、爱民当作为君之道。他说，"为君之道，必先存百姓""君依于国，国依于民，刻民以奉君，犹割肉以充腹，

腹饱而身毙，君富而国亡"。由此可见，唐太宗认为，只有不对百姓过度盘剥，依靠百姓，才能固本宁邦，国君无忧。凡此种种，都是民本思想的具体化，标志着以民为本思想的成熟。

鸦片战争之后，西方的民权思想开始传入中国，先进的知识分子开始把传统民本思想和中国历史与现状结合起来。严复尖锐地批判了东方君权神授说。他认为："夫自由一言，真中国历古圣贤之所深畏，而从未尝立以为教者也。彼西人之言曰：唯天生民，各具赋畀，得自由者，乃为全受，故人人各得自由，国国各得自由，第务令毋相侵损而已。侵人自由者，斯为逆天理，贼人道。其杀人伤人及盗蚀人财物，皆侵人自由之极致也。故侵人自由，虽国君不能，而其刑禁章条，要皆为此设耳。"严复用介绍西学的方式，宣传了民权论，批判了君权论。随着资产阶级革命运动的兴起，中国传统民本思想开始从封建统治者治国安邦的官方意识形态转变为资产阶级革命者反对帝制的思想武器。不管是保留君主制的君主立宪派，还是主张建立资产阶级革命共和国的革命政党派，其思想主张里面都有民本主义，都强调还政于民，尊重人民的主体地位。康有为的"君民同体说"，谭嗣同的"君末民本说"和孙中山的"天下为公"都诠释了上述思想。

2. 中国共产党为民初心的内涵

马克思主义的创始人马克思、恩格斯早在1848年发表的《共产党宣言》中就旗帜鲜明地指出："过去的一切运动都是少数人的或者为少数人谋利益的运动。无产阶级的运动是绝大多数人的、为绝大多数人谋利益的独立的运动。"绝大多数人参与的、为绝大多数人谋利益的运动，不仅体现了社会活动主体的人民性，更体现了服务对象的人民性。因此，人民立场不仅是科学社会主义的

第四章 民贵君轻、政在养民的民本思想

基本原则，更是马克思主义政党永葆政治本色、区别于其他政党的根本标志和显著特色。中国共产党成立后，坚定的人民性就是中国共产党人的初心。从新民主主义革命到社会主义建设初期，全心全意为人民服务、人民利益高于一切就是党的根本宗旨。

早在土地革命时期，中国共产党就充分认识到了中国革命的基本问题就是占全国绝大多数人口的农民的问题，而革命的根本问题自然也就是和农民息息相关的土地问题。因此，中国共产党在革命初期就抓住了广大农民最关心的问题——土地问题，通过农民革命，制定土地革命纲领，实现了耕者有其田的历史巨变。因此，毛泽东同志的"为什么人的问题，是一个根本的问题、原则的问题"，就是中国革命的基本指导原则。同时，这也是中国共产党区别于其他任何政党的显著标志，即"和最广大的人民群众取得最密切的联系。全心全意为人民服务，一刻也不脱离群众；一切从人民的利益出发，而不是从个人或小集团的利益出发"。

1944年9月8日，毛泽东同志在为战士张思德举行的追悼大会上，第一次从理论上深刻阐明了为人民服务的思想。到了1945年中共七大，"全心全意为人民服务"这一命题作为党的根本宗旨被写进了党章，成为中国共产党人一直以来的基本遵循和价值诉求。党的群众观点和群众路线自此以党的基本大纲的形式被固定下来，成为此后党的一切工作的指导方针。

| 中华文化的核心理念 |

在长期的革命和社会主义建设实践中,以毛泽东为代表的中国共产党人同人民群众建立了鱼水般的密切联系(陈毅元帅的"淮海战役的胜利是人民群众用小推车推出来的"的论断,既是符合历史事实的实际,也是形容党群关系的典型范例),概括形成了"一切为了群众,一切依靠群众""从群众中来,到群众中去"的群众路线和基本工作方法,并成为毛泽东思想三个活灵魂(实事求是、群众路线、独立自主)之一。而坚持群众路线,是党在长期革命和建设中取得胜利的重要法宝。

党的十八大以来,习近平同志为核心的党中央高扬"人民至上"的旗帜,向世人庄严承诺"人民对美好生活的向往,就是我们的奋斗目标",强调中国梦"必须同人民对美好生活的向往结合起来才能取得成功"。"以人民为中心"的思想体现了我们党对《共产党宣言》基本思想一以贯之的根本遵循,也是习近平新时代中国特色社会主义思想的核心理念,具有深厚的马克思主义的理论底色和中国特色社会主义的实践基础,充分彰显了以习近平同志为核心的党中央人民至上的价值取向。它所主张的经济上兴民、政治上重民、社会上惠民、文化上安民、生态上利民构成了其基本内容。因此，可以这样说，以"人民为中心"的发展理念是新时代对"以人为本"的发展。

二、案　例

晏婴、叔向论民本

《晏子春秋·内篇问下》讲了这么一个故事：有一次，叔向问晏子，"世乱不遵道，上辟不用义；正行则民遗，曲行则道废。正行而遗民乎？与持民而遗道乎？此二者之于行，何如？"晏子对曰："婴闻之，卑而不失尊，曲而不失正者，以民为本也。苟持民矣，安有遗道？苟遗民矣，安有正行焉？"

晏婴、叔向都是春秋时期的贤臣。晏婴相齐，叔向臣晋。众所周知，春秋时期，周王室式微，诸侯国之间纷争不断，社会动荡不安。晏婴和叔向都对自己国家的前途、人民的困苦充满了担心和忧虑。

上面所讲史料的基本意思是，有一天叔向问晏婴："拥护国君是我们做臣子的本分，但是现在世道混乱，国君不讲道德，不行正义。我们要是忠于国君，就会失去本性，跟着他去做坏事；可要是不听从国君的，就违背了君臣之道。我们应该追随国君而失去民心呢，还是不追随国君而背叛君臣之道？真是为难啊！该怎么选择呢？"晏婴回答："一个人即使很卑鄙，也不能不顾道义。人民的利益是国家的根本，做一切事情都要从这个根本出发。国君不等于国家，做臣子的要忠于国家而不是忠于国君私人。因此，最好的办法就是以人民的利益为重。"晏婴接着说："按理说，国君的目标就是使老百姓生活得安宁和幸福，两者本来是一致的。如果以老百姓的利益为本，又怎么会违背君臣之道？如果不为老百姓谋利益，又如何谈得上道义？"

这个故事很明确地告诉我们，真正的道义，必须要以老百姓的利益为根本，否则就不是正道。

三、启　示

前已述及，民本思想是我国国家治理思想的精髓和优良传统。其中，孟子有"民为贵，社稷次之，君为轻"的断语，荀子有"君者，舟也；庶人者，水也。水则载舟，水则覆舟，君以此思危，则危将焉而不至矣"的论述，这些论说奠定了中国民本思想的基础。

值得一提的是，民本思想在传统社会本质上还是一种驭民之术，目的在于维护上层利益阶层的统治地位。除了安抚老百姓外，传统社会统治阶层历经千百年的发展，形成了一套官箴，即对官员行为操守的要求。其中，最有名的当属明永乐年间理学大师曹端、年富等人创作并被最终确定的三十六字箴言："吏不畏吾严，而畏吾廉；民不服吾能，而服吾公。公则民不敢慢，廉则吏不敢欺。公生明，廉生威。"现存西安碑林的"官箴"碑，是道光四年（1824）时，任陕西延绥道台的颜伯焘倡议刻制的。不过，颇具讽刺意味的是，颜伯焘本人在晚清却实实在在是一个大贪官。据张集馨《道咸宦海见闻录》所载：道光二十二年（1842）颜伯焘被罢免回乡时，所带仆从将近三千人，而他所雇佣托运行李的工人竟达数千人。在其中一个县过境休憩时，当地接待他五天的时间，耗费银两过万。其贪腐所为可见一斑。看来，官箴不应是自我标

第四章 民贵君轻、政在养民的民本思想

榜的门面,而是需要用心践行的规制。倘若没有"当官只为民做主"的初心,那所谓的箴言就只能是流于形式的面子,看似威严庄重,实则金玉其外败絮其中。

❖ 官箴石

为中国人民谋幸福,为中华民族谋复兴,是中国共产党人的初心和使命,也是改革开放的初心和使命。民之所望,改革所向。中国共产党坚持以人民为中心的价值诉求,引领中国人民走上了从站起来、到富起来、再到强起来的伟大历史征程。党的十九大以来,中国共产党将初心与使命明确写进党章,那就是"为中国人民谋幸福和为中华民族谋复兴"。

习近平同志指出,中国共产党人的初心和使命,就是为中国人民谋幸福,为中华民族谋复兴。这决定了人民立场是中国共产党的根本政治立场。我们党自成立之日起,就把坚持人民利益高于一切鲜明地写在自己的旗帜上,把全心全意为人民服务作为根本宗旨,把实现好、维护好、发展好最广大人民的根本利益作为一切工作的出发点和落脚点。近一百年来,我们党之所以能够从小到大、从弱到强,关键就在于始终坚持以人民为中心,做到权为民所用、情为民所系、利为民所谋。可以说,以人民为中心深刻诠释了党的根本政治立场和价值取向。

以人民为中心推动中国特色社会主义进入新时代。党和国家的事业之所以能发生历史性变革,中国特色社会主义之所以能进入新时代,关键就在于我们党把坚持以人民为中心作为价值引领,统筹推进"五位一体"总体布局、协调推进"四个全面"战略布局、贯彻落实新发展理念,不断实现好、维护好、发展好最广大人民的根本利益。

习近平同志指出:"以人民为中心的发展思想,不是一个抽象的、玄奥的概念,不能只停留在口头上、止步于思想环节,而要体现在经济社会发展各个环节。"当前,中国特色社会主义进入了新时代,我们要牢牢把握人民群众对美好生活的向往,把以人民为中心贯彻到治国理政全部活动之中,做到发展为了人民、发展依靠人民、发展成果由人民共享,更好增进人民福祉,更好发展中国特色社会主义事业,更好推动人的全面发展、社会全面进步。

点 评

从"三个有利于"到"三个代表"再到"以人为本","为人民服务"的宗旨贯穿于党的理论创新进程中,渗透于改革开放的实践进程中,体现于坚持和发展中国特色社会主义的时代进程中。回顾党的理论创新过程,我们既可以看到"人民"在其中不变的地位,也能够看到其诉求的变化。与革命战争时期"为了人民、依靠人民"争取民族独立、人民解放的"站起来"的诉求相比,与社会主义建设初期"为了人民、依靠人民"解决温饱、达到小康的"富起来"的诉求相比,习近平同志提出的"以人民为中心",体现的是全面建成小康社会、进而全面建设社会主义现代化强国、实现中华民族伟大复兴"强起来"的诉求。坚持人民立场,坚定群众路线是党的优势和基础,也是党和国家事业兴旺发达的力量源泉。坚持以人民为中心的发展思想,再次彰显了我们党作为马克思主义执政党的根本宗旨、根本性质和政治本色,体现了习近平对唯物史观的准确把握和对人民主体地位的深刻认识,进一步丰富和发展了马克思主义的群众观、发展观。

思考题

1. "以民为本"和"以人民为中心"的异同是什么?
2. 新时代"以人民为中心"如何走心、走实、走深?

| 中华文化的核心理念

第五章
等贵贱均贫富、损有余补不足的平等观念

　　每一种文明都扎根于自己的生存土壤，凝聚着一个国家、一个民族的非凡智慧和精神追求，都有自己存在的价值。人类只有肤色语言之别，文明只有姹紫嫣红之别，但绝无高低优劣之分。认为自己的人种和文明高人一等，执意改造甚至取代其他文明，在认识上是愚蠢的，在做法上是灾难性的！如果人类文明变得只有一个色调、一个模式了，那这个世界就太单调了，也太无趣了！我们应该秉持平等和尊重，摒弃傲慢和偏见，加深对自身文明和其他文明差异性的认知，推动不同文明交流对话、和谐共生。
　　——2019年5月15日，习近平同志在亚洲文明对话大会开幕式上的主旨演讲

　　平等观念，是人类所特有的在认识自身与他人过程中产生的特殊情感，它伴随着人类社会的产生和发展而不断被人们赋予新意。作为个体而存在的人类，拥有着欲望、情感、意志、理性等意识，不但能够认识社会，而且能够进行社会实践、创造秩序和价值。但是在现实社会中人的思想常常在理想与现实的张力中游走。

第五章 等贵贱均贫富、损有余补不足的平等观念

随着社会生产力的发展,人类总是无法释怀理想社会与现实社会的差距。一方面,无论社会怎样发展,个人的力量总是与社会的发展存在着不平衡,社会中个人财富的取得总是与他人形成差异,而这种差异化总是促使人们追求同一化、均等化。几乎所有的人类文化都有着这样的平等观念,平等是"善",不平等是"恶",人类总是期待以善战胜恶。中华文化尤其如此,等贵贱均贫富、损有余补不足成为几千年来封建社会劳动人民平等观念的朴素表达。

一、传统平等思想的提出及内涵

❖ 无处不平均 无人不保暖

在人类社会的演变过程中,经济的发展促进了社会财富的增长,社会财富分配和生产资料占有的不平衡,导致了阶级分化和阶级对立的加深。伟大的思想家都十分关注贫富不均问题,他们

都试图平衡人们的收入差距，构建永恒的平等社会。这种平等思想在中国有着悠久的历史，在中国人的传统观念中有着重要情结。

在先秦诸子思想中，孔子曾明确提出平等思想。《论语·季氏》云："丘也闻有国有家者，不患寡而患不均，不患贫而患不安。盖均无贫，和无寡，安无倾。"这段话表明了孔子的平均主义思想，他认为，无论是诸侯或者大夫，不担心财富不多，只是担心财富分配不均匀；不担忧人民太少，只担忧境内不安定；若是财富平均，便无所谓贫穷；境内和平团结，便不会觉得人少；境内平安，国家便不会倾危。"均无贫"思想带有强烈的理想主义色彩，对后世影响很大。

老子为社会不均开出的药方是"损有余而补不足"的平均主义主张。《老子》第七十七章说："天之道，其犹张弓欤？高者抑之，下者举之；有余者损之，不足者补之。天之道，损有余而补不足。人之道，则不然，损不足以奉有余。"老子在这里以自然法则的高度来阐述平等的意义，他认为，自然法则不像拉弓吗？弦拉高了就把它压低一些，低了就把它举高一些，拉得过满了就把它放松一些，拉得不足了就把它补充一些。自然规律是减少过剩和供给不足。然而，社会规律是不一样的。减少不足的，来奉献给有余的人。老子的思想反映了人们反对财富不均，追求平等，反抗剥削与压迫的理想。庄子的平等思想比老子更进一步，他从万物平等的角度理解平等。他提出"不拘一世之利以为己私分""顺物自然而无容私焉"，他还提出"齐物"一说，人们"不乐寿，不哀夭，不荣通，不丑穷"，一切都相等、平均、相同，达到齐物的境界。

清初思想家唐甄撰有《潜书》，其书之所以称为"潜书"，正是由于其与封建社会的正统思想格格不入。唐甄在书中提出以

第五章 等贵贱均贫富、损有余补不足的平等观念

"平"为核心价值的社会理想,痛斥了封建社会的剥削和压迫带来的不平等现象。《大命篇》曰:"天地之道故平,平则万物各得其所。及其不平也,此厚则彼薄,此乐则彼忧。为高台者,必有洿池;为安乘者必有茧足。王公之家一宴之味,费上农一岁之获,犹食之而不甘;吴西之民,非凶岁为饘粥,杂以莜秆之灰,无食者见之,以为是天下之美味也。人之生也,无不同也,今若此,不平甚矣。提衡者权重于物则坠,负担者前重于后则倾,不平故也。是以舜禹之有天下也,恶衣菲食,不敢自恣。岂所嗜之异于人哉?惧其不平以倾天下也。"这段话中,唐甄认为平是天道,从物理到人情,都应贯彻平的原则。他讲过这样一个故事:有一年闹饥荒,妻子问唐甄,没米下锅了怎么办?唐甄说,那就吃碎米吧。几天之后碎米又快完了,妻子又问怎么办,他说,三分米糠七分碎米吧。再过了几天,眼看锅里无米可炊,他说,那就七分米糠三分碎米吧。邻居看见了,一边安慰他妻子,一边责备他:你不是做官吗?怎么如此贫穷,想来你是没有养家糊口的能力吧!唐甄答道:并非如此。鱼在江河里,忘记了自己是如何生存的,鱼在干涸的水塘里,就无法生存下去,因为江河水深,涸泽水浅。今天我们生活在这个社会,正如鱼儿处于涸泽之中,因此无法养家糊口。你与其可怜我,不如可怜这个社会吧!唐甄讲这个故事,正是揭示了社会的不平等不公正,因此要实现平等公正,就要反对这个不平等的社会。

由上可见,中国传统平等思想与儒家大同理想紧密相连,主要从"同"处着眼,在经济上追求平均主义的收入分配方式,在社会伦理关系上赞赏人与人之间的平等关系,在社会实践中,对于动员社会底层民众,反对封建主义剥削和压迫,追求社会公平正义,促进社会进步发展具有积极意义。但其以平均主义为核心

的经济分配思想,违背了经济发展的普遍规律,不但不能推动生产力发展,反而造成了生产力的巨大停滞甚至破坏,因而在实践中是行不通的。历史上有许多英雄人物怀揣传统平等思想改造社会,结果都一一以碰壁而收场。

二、案　例

1.《大同书》中的平等理想

❖ 近代大儒康有为

　　近代大儒康有为将中国传统的平等观发展到了一个新的境界。他杂糅了资产阶级自由观、儒佛道等多家思想,形成了以平等观念为核心的《大同书》,在书中,他设想构建一个人人平等的大同世界。在这里财产公有,按劳分配,人人劳动,实现经济和社会地位的平等,人人享有受教育的权利,从幼儿直至成年,从此再无

第五章 等贵贱均贫富、损有余补不足的平等观念

上智下愚的差别，实现教育机会的平等。这样的理想社会如何实现，康有为设计了一套方案：

一是要"去级界"。康有为认为要实现人人平等，最关键的就是消灭阶级。"人类之苦不平等者，莫若无端立级哉。"他认为级界有三类：一曰贱族，二曰奴隶，三曰妇女。这种不平等的设计，不但违反天理，而且对社会发展不利。印度社会分婆罗门、刹帝利、吠舍、首陀罗等四个等级，欧洲中世纪也分僧侣、贵族、平民、奴隶等不同等级，结果造成了社会发展缓慢。他特别赞赏法国大革命废除等级制度的做法。"法大革命，实为去此阶级，故各国效之而收大效。"他也期待中国能够效仿这一做法，废除封建等级制，解放所有奴婢。他设想在太平之世，既无帝王君长，又无官爵、科第，人皆平等，没有人以权势、爵位为荣，社会只奖赏"智人"和"仁人"。

二是要"去家界"。康有为认为家庭是现实中人们不平等的根源。他倡导建立一种新型的人际关系和男女关系，应该从家庭的平等开始。要达到太平之世，就必须"去家界为天民"。所谓"去家界"，即解散家庭，以个人为社会的基本构成，摆脱封建伦理道德束缚，贯彻资产阶级人权、自由、平等，实现人的独立和个性解放。在社会不平等现象中，康有为特别重视男女不平等问题的解决。他认为天下不公平之事莫过于男人压迫女人。男女同为人之形体，同为人之聪明，且人人皆有至亲至爱之人，而男人却忍心害她们，对女子抑制、愚闭、压迫，使她们不能为官、做事、发表言论、参政、游玩。他还对妇女遭受的身体束缚甚为同情，认为女子蒙面、束腰、缠足、文身等都是对女人的"无道之至甚者矣"。为了实现男女平等，康有为设计了十一条方案，他坚信通过这些方案，将来"女子之为师，为长，为吏，为君"就不会有人歧视，

这才是真正的男女平等。康有为的男女平等方案中，婚姻也有新的内涵。他认为要取消婚姻中夫妇的称谓，"男女婚姻，皆由本人自择，情志相合，乃立合约，名曰交好之约，不得有夫妇旧名"。男女皆为独立个体，婚姻关系，正如"两友之交而已"。康有为倡导婚姻自由，他认为见异思迁、历久生厌、唯新是图、唯美是好，是人之常情，因此，婚姻之约应当有期限，假如一方有新的爱人，就应给其自由，这是顺人性而合天理的行为。他的婚姻观坚持男女平等自由交往，但并不主张一夫多妻，也不主张男女淫乱，是一种吸收了西方自由民主平等价值观念之后对未来男女关系的美好设想，具有强烈的理想主义色彩。

三是要"平民族"。康有为的平等观念具有世界意识，他认为，在西方的坚船利炮下，天下一统的中国已经沦为半殖民地半封建社会，因而真正的平等是世界各族人民之间的平等。他提出"去种界同人类"的主张。

康有为的平等思想达到了中国传统社会中对平等思考的最高峰，具有重要的历史启示意义。《大同书》是康有为一生诸多著作中，唯一完整抒发其政治见解、描述其社会理想的著作。该书从现实出发，揭示出中国社会面临的各种社会问题，正是这些问题导致了中国近代社会的发展落后于西方国家。康有为在借鉴西方社会发展经验的基础上，提出"天下为公，无有阶级，一切平等"的"极乐"世界理想，在一些方面也提出了解决问题的具体方法、步骤，但从整体而言，并不能提出中国通往大同的道路。

2. 但愿苍生饱暖

❖ 2014年，国务院决定每年10月17日为"扶贫日"

"但愿苍生饱暖"，这是千古多少仁人志士的美好愿望，只有中国共产党把这一梦想逐渐变成了现实。贫困问题是世界性的难题，鲜有政党敢于直面贫困，勇挑重担，只有中国共产党做到了。中华人民共和国成立70年来，中国人口从5.4亿多增长到14亿，贫困人口从占世界总数的40%左右减少到2019年底的551万人，中国成为世界上减贫人口最多的国家。因此，无论从中国历史，还是从世界范围看，这都是一个了不起的伟大壮举，赢得了国际社会的广泛赞誉和高度评价，为全世界的扶贫事业作出了贡献。2019年9月，人类学家杰森·希克尔在英国《卫报》网站撰文指出：近年来扶贫领域的成就几乎都发生在中国，如果把中国排除在外，自1981年以来的40年间，世界范围内的贫困情况没有变好而是变得更糟。

中华人民共和国成立之初，国家一穷二白，人民穷困不堪。中国共产党把消灭贫困作为使命担当，把消除贫困、实现共同富裕，作为社会主义的本质要求。不断探索改善人民生活，实现人民富裕的道路。改革开放以来，中国人民走出了一条有中国特色的扶贫开发之路。这就是"政府主导，社会参与，自力更生，开发扶贫，全面发展"之路。2013年11月3日，习近平总书记来到湘西土家族苗族自治州花垣县排碧乡十八洞村，同村干部和村民代表围坐在一起，亲切地拉家常、话发展，在这里他首次提出"精准扶贫"。习近平总书记表示，扶贫要实事求是，因地制宜。要精准扶贫，切忌喊口号，也不要定好高骛远的目标。他多次对精准扶贫作出明确指示：精准扶贫，就是要对扶贫对象实行精细化管理，对扶贫资源实行精确化配置，对扶贫对象实行精准化扶持，确保扶贫资源真正用在扶贫对象身上、真正用在贫困地区。强调扶贫开发推进到今天这样的程度，贵在精准，重在精准，成败之举在于精准。要做到"扶持对象精准、项目安排精准、资金使用精准、措施到户精准、因村派人精准、脱贫成效精准"。2015年11月27日，习近平同志在中央扶贫开发工作会议上发表重要讲话，指出要解决好"扶持谁"的问题，确保把真正的贫困人口弄清楚，把贫困人口、贫困程度、致贫原因等搞清楚，以便做到因户施策、因人施策；要解决好"谁来扶"的问题，加快形成中央统筹、省（自治区、直辖市）负总责、市（地）县抓落实的扶贫开发工作机制，做到分工明确、责任清晰、任务到人、考核到位；要解决好"怎么扶"的问题，按照贫困地区和贫困人口的具体情况，实施"五个一批"工程。精准扶贫是为了精准脱贫。要设定时间表，实现有序退出，既要防止拖延病，又要防止急躁症。

党的十八大以来，在以习近平同志为核心的党中央的坚强领导下，脱贫攻坚战取得决定性进展。我国成为世界上减贫人口最多的国家，也是世界上率先完成联合国千年发展目标的国家。

我国实施精准扶贫，力度之大、规模之广、影响之深，前所未

第五章 等贵贱均贫富、损有余补不足的平等观念

有，创造了中国扶贫史上的最大成就。据国家统计局统计，全国农村贫困人口从2012年末的9 899万人减少至2018年末的1 660万人，累计减少8 239万人，贫困发生率从10.2%下降至1.7%，累计下降8.5个百分点。

党的十八大以来，中央连年加大了专项扶贫资金投入力度。据相关资料统计，2013年至2017年，中央财政安排专项扶贫资金从394亿元增加到861亿元，累计投入2 822亿元；省级及以下财政扶贫资金投入也大幅度增长。安排地方政府债务1 200亿元，用于改善贫困地区生产生活条件。安排地方政府债务994亿元和专项建设基金500亿元，用于易地扶贫搬迁。政府和社会机构大规模的资金投入，极大促进了脱贫攻坚的进程，这是扶贫领域"集中力量办大事"的又一佐证。

近年来，非政府组织扶贫的影响和作用越来越大，如帮助贫困地区小学生的"希望工程"，私营企业家支持贫困地区发展的"光彩事业"，帮助残疾人的"康复扶贫"，扶助贫困母亲的"幸福工程"，资助女童完成义务教育的"春蕾计划"，还有"青年志愿者支持扶贫接力计划"，"贫困农户自力工程"，等等。

中国的扶贫模式在世界上产生了巨大影响，成为各国探讨的重要内容之一。中国共产党有决心、有毅力、有动力敢于直面贫困问题，这是世界上许多政党所不具备的勇气。中国共产党敢于集中全社会的力量，动员各方面的资源来开展扶贫，这是多么伟大的为民情怀。中国共产党在扶贫中，善于学习，善于总结经验，形成可复制的中国扶贫模式，既有科学性，又有先进理论指导，不但能够促进中国扶贫事业的进步，而且有助于在世界减少贫困，为世界减贫事业贡献中国方案。比如：开展科教扶贫，各地有针对性地组织各类培训，推广先进农业技术，鼓励贫困群众发展特

色农业；组织劳务输出，一些劳动力富余的省份和地区，鼓励贫困人口跨区、跨省、跨国就业；结对扶贫，组织东西部省份和城市地区结对子，定点扶贫；移民搬迁，对于生活在基本生存条件极其恶劣地区的贫困农户，按照群众自愿、就近安置、量力而行、适当补助的原则，实施移民搬迁，异地开发；等等。

三、启 示

总结传统平等观念的古今之变，可以看到这种平等主要围绕着"人的相同性"而提出，往往走向平均主义的窠臼。近代以来，西学东渐，传统文化进行现代转型，中国传统平等观在与中西古今交流中，逐渐转变为以权利为中心的平等的政治学和社会学观念，这种转变立足于对中华优秀传统文化的继承和创新，也有着对西方近代平等价值思想的引进和借鉴，也有中国共产党人把马克思主义平等思想与中国革命、探索、改革开放实际相结合所作出的伟大创新。

康有为身处近代中国社会剧烈变动时期，中学与西学碰撞激烈，传统思想受到极度挑战，然而，康有为仍旧能够立足传统，依据公羊派的"三世说"，结合儒家"小康大同说"，杂糅佛教慈悲平等和基督教博爱自由平等思想以及欧洲空想社会主义学说，整合出一套超越传统平等思想的"大同"理论，其学说是对传统平等思想的巨大发展。表现为：一是对平等的具体场景进行了详细描述，使人们对平等有了更多期待；二是分析了现实中不平等的根源，为后人解决不平等问题提供了重要的思想启示；三是借鉴了西方的平等思想，从而推动了传统平等思想的现代转型。可惜"康有为写了《大同书》，他没有也不可能找到一条到达大同的

第五章　等贵贱均贫富、损有余补不足的平等观念

路"。但康有为等为探索近代中国救亡图存之路，留下了坚实的实践烙印。

中国共产党人致力于将中国传统平等观念进行现代转型，然而共产党人不仅在观念上进行了创新，而且在实践上进行了艰辛开拓与努力探索。经过几代人的摸索与创新，中国终于找到了一条消灭差异、实现真正平等的道路。

第一，新民主主义革命史就是一部中国共产党领导广大人民群众争取平等政治地位和社会地位的民族独立和人民解放的历史。中国共产党从实现"耕者有其田"的经济平等着手，过渡到政治和文化上的平等。中国共产党人一贯认为，革命队伍内部无论职务高低，都是革命同志、阶级弟兄；全国人民不分男女民族，都有平等的人身自由的权利、参与政治的权利、保护财产的权利。在陕甘宁边区，中国共产党人始终把平等原则贯彻在陕甘宁边区的一切建设和改革中。首先，选举权利平等。根据规定，凡居住边区境内的人民，年满十八岁，不分阶级、党派、职业、男女、宗教、民族、财产及文化程度之差别，皆有选举权和被选举权。每一公民皆按平等原则参加选举，每一公民皆有一票选举权。其次，劳动权利平等。在边区经济建设、社会建设及其他建设中，尤其是在大生产运动中，上至最高领导和各级首长，下至每个工作人员和普通战士，毫无例外地一律参加生产。再次，革命权利平等。在陕甘宁边区，人们可以平等地参加革命事业和根据地建设，可以平等地享受革命和建设事业创造的一切成果，也可以平等地为民族解放和人民解放的正义事业牺牲。

第二，经过过渡时期的社会主义改造，中国消灭了剥削制度、消除了阶级对立，建立了人民民主专政的国体和民主集中制基础上的人民代表大会制度的政体，人民成为国家和社会的主人。思

想文化上确立了马克思主义在意识形态领域的指导地位,外交上废除一切不平等条约,推行独立自主的和平外交政策,奉行和平共处五项原则。尤其是1954年《中华人民共和国宪法》确立了权利平等、民族平等、法律平等、性别平等,为真正平等奠定了制度基础。

第三,改革开放以来,以邓小平同志为核心的党中央对社会主义有了新认识,提出了一部分人、一部分地区先富起来,先富带后富,最终走向共同富裕;提出了"两个大局"论说;明确了社会主义基本原则和社会主义本质论;将温饱和小康作为阶段性发展的确切目标。邓小平的这些论述中包含着丰富的平等思想。

江泽民同志提出中国共产党要始终代表最广大人民的根本利益,要实现好维护好发展好最广大人民的根本利益;胡锦涛同志提出以人为本,权为民所用、情为民所系、利为民所谋,提出要建设更加平等、和谐的社会,大力推进民生为重点的社会建设,探索推进社会保障体系建设等,外交战略方面提出走和平发展道路和和谐世界理念等,并将平等作为社会主义的核心理念贯穿于世纪之交以来的现代化建设实践之中。

党的十八大以来,习近平同志要求践行和培育以平等为核心的社会主义核心价值观,在治国理政实践中推出"五位一体"总体布局,"四个全面"战略布局,坚持以人民为中心和让人民有幸福感、获得感、安全感,坚持全面依法治国,坚持在发展中保障和改善民生,坚定不忘初心、牢记使命的理想信念,构建人类命运共同体战略思想,实施精准扶贫脱贫攻坚战和健康中国战略,优先发展教育和维护教育公平,增加国民收入水平和实现充分就业,不断完善社会保障体系和提高保障水平,完善人民代表大会制度和扩大社会主义民主,实现两个一百年奋斗目标等。其中不但包含着丰富的平等思想,而且都是实实在在地在经济、政治、社会、文化、生态、外交国际战略等方面追求平等原则、平等目标，充分体现了党的宗旨和社会主义的本质及其优越性。

点 评

等贵贱均贫富、损有余补不足的平等观念，是中国传统社会人们的核心追求。翻开中国古代史，历朝历代社会变迁，朝代更替，社会底层民众呼吁的总是平等。在历代农民起义的过程中，人们对平等的认识越来越深刻，平等的内涵也日益丰富。在历代知识分子的精神世界里，平等也是他们的理想图景。进入近代以后，西方列强的入侵，极大冲击了传统平等观念，人们对平等的认识不再局限于"均平"等经济领域，而朝着政治平等、社会平等、生态平等、文化平等、民族平等、政党平等等多个方面延伸。但是，中国社会发展演变的逻辑也表明，真正的平等从来就不是容易实现的，而只有中国共产党才是真正下大气力，为中国社会的平等进行奋斗的力量。从这个意义上说，中国梦也是平等的梦，是中华民族复兴的平等梦。总之，只有坚持中国共产党的领导，只有坚持走中国特色社会主义道路，中国人民所追求的真正意义上的平等才能实现。

思考题

1. 为什么平等观念在一些人的头脑中容易滑向"均平"、同一？
2. 为什么说中国共产党才是真正追求平等理念的政党？

| 中华文化的核心理念

第六章
法不阿贵、绳不挠曲的正义追求

  全国政法机关要顺应人民群众对公共安全、司法公正、权益保障的新期待，全力推进平安中国、法治中国、过硬队伍建设，深化司法体制机制改革，坚持从严治警，坚决反对执法不公、司法腐败，进一步提高执法能力，进一步增强人民群众安全感和满意度，进一步提高政法工作亲和力和公信力，努力让人民群众在每一个司法案件中都能感受到公平正义，保证中国特色社会主义事业在和谐稳定的社会环境中顺利推进。

  ——2013年1月，习近平同志就做好新形势下政法工作作出指示

  正义是对政治、法律、道德等领域中的是非、善恶作出的肯定判断。需要注意的是，正义是一个社会历史概念，不同的社会或阶级的人们对"正义"有着不同的解释。在西方思想传统中，正义被认为是政治的核心价值，是平衡共同体成员的平等与差异的基本原则。古希腊哲学家柏拉图认为，人们按自己的等级做应当做的事就是正义；基督教伦理学家则认为，肉体归顺于灵魂就是正义。整体看来，大多数的观点认为正义就是公平。在西方的话语体系里，正义是政治中的至善，是为政的准绳；一个正义的

社会必然是秩序良好、和谐和睦的社会。但是，在中国传统思想中，这样的社会尚不足以被视为完满。古代中国理想社会是"大同之世"。《礼记》对大同社会的描述，一般的知识分子乃至社会大众都是耳熟能详的，那就是，"大道之行也，天下为公。选贤与能，讲信修睦。故人不独亲其亲，不独子其子，使老有所终，壮有所用，幼有所长，矜寡孤独废疾者皆有所养。男有分，女有归。货恶其弃于地也，不必藏于己，力恶其不出于身也，不必为己。是故谋闭而不兴，盗窃乱贼而不作，故外户而不闭。是谓大同"。很显然，"大同之世"是对中国传统社会关于人类美好未来的超越性构想，是一个真正消除了"人我之别"的理想社会。可以说正义是人们一直以来的不懈追求。在人类文明中，无论在纵向的时间维度上，还是在横向的国别之间，正义都是最基本的共同价值之一，同时也是国家治理的基本原则之一。

一、公平正义的历史发展和内涵

1. 公平正义的历史发展

中华文明拥有悠久的正义传统，自先秦以来就形成了伟大庄严的正义精神：天下的协和如何实现，如沐春风的雍和如何维系。三代经典为后人理解正义标识出了定向、范围与通道。春秋战国的诸子百家正是基于这个文明根基，继续阐发各自的领悟。其间，孔、孟、荀代表的儒家与申、韩等法家成为影响后世至深的两个力量。

儒家典籍对于正义有多种多样的阐发。《论语·颜渊》说："政者，正也。"《孟子·离娄上》说："义，人之正路也。"《荀子·赋》说:"行义以正,事业以成,可以禁暴足穷,百姓待之而后宁泰。"这里都把正义和国家治理联系起来,认为如果正义得到实施,可以达到善治。儒家的思想体系给人两个十分明显、相互矛盾的印象:一方面,它强调平等,《论语·季氏》有"不患寡而患不均,不患贫而患不安"的说法,在传统社会发挥了非常重要的作用;另一方面,它又十分注重纲常伦理,有所谓的天地君亲师、仁义礼智信等,表现出严格的等级秩序。不过,无论如何解释这种印象,它们至少说明在中国传统社会中同时存在人与人之间的平等和差异两个方面。而如何处理这相互矛盾的两个方面,学者唐士其认为,儒家用仁、礼、义三个概念进行了整合。唐士其认为:在儒家的思想体系中,"仁"体现人与人之间平等和合的一面;"礼"体现人与人之间分别差异的一面;"义"则是在具体环境下对两种原则的取舍与权衡。虽然中国古代思想家们在概念的界定和使用方面并不是特别严格,尤其是"义"的含义更缺乏统一性,但三者之间基本的逻辑关系还是相当清楚的。"仁""礼""义"三项原则相互平衡,为实现人们之间的"分"与"群"提供了一套基本的框架。

相对来说,法家一系在战国和秦汉这一时期最为有力地构建起了一种国家本位的正义,将个体转换为国家实力的充实单位,利用严密整齐的集权官僚制实现了以国家利益为绝对主导的价值再造。秦制代表的这种正义固然为新型国家锻造了骨骼,然而只有经过了汉武之际援引儒家进行的宪制更化,才能够避免其短寿促命的国运规律。而后者的更化,正是再度激活了民族内部那些类封建性的宪制因子,将其适宜转化,透过士大夫共治、尊重社会和地方治理的架构更新,最终以礼法正义中和国家正义。这才能保障大一统天下对于公义精神的真正维系。

第六章 法不阿贵、绳不挠曲的正义追求

法律作为国家统治的强制性工具，具有强大的社会功能。法律能否贯彻正义原则不仅会影响到百姓的生活福祉，还会影响到国家的长治久安。在中国传统国家治理中，在许多层面都非常注重法治的正义性。这方面的文献材料比较多。《晏子春秋·内篇问上》说："诛不避贵，赏不遗贱。举事不私，听狱不阿。"《韩非子·有度》说："法不阿贵，绳不挠曲，法之所加，智者弗能辞，勇者弗敢争，刑过不避大臣，赏善不遗匹夫。"刑罚只有正义的追求，没有等级的差异，不会因为亲戚、故旧、显贵而改变。这都是讲要公正地运用法律，不要因为犯法者的身份差异而在运用法律时有所区别。

在中国历史上，坚持法律正义原则的典型还有张释之、黄霸、狄仁杰、包拯、海瑞、于成龙等，他们以自己的生命力量推动了那个时代的法治趋向尽可能的正义高度。

但需要强调的是，无论是儒家还是法家，他们关于正义的解释和追求，都带有浓厚的道德色彩。在漫长的国家治理过程中，过分强调道德的作用，对于中国社会的发展也带来了负面的影响。这一点黄仁宇在《万历十五年》中有形象具体的说明："当一个人口众多的国家，个人行动全凭儒家简单粗浅而又无法固定的原则所限制，而法律又缺乏创造性，则其社会发展的程度，必然受到限制。即便是宗旨善良，也不能补助技术之不及……在这个时候，皇帝的励精图治或者宴安耽乐，首辅的独裁或者调和，高级将领的富于创造或者习于苟安，文官的廉洁奉公或者贪污舞弊，思想家的极端进步或者绝对保守，最后的结果，都是无分善恶，统统不能在事业上取得有意义的发展，有的身败，有的名裂，还有的人则身败而兼名裂。"今天重读这一段话，仍能透过历史对此表示深深的遗憾。

2. 十八大以来建设法治中国的历程

历史的经验告诉我们，法治是治国理政不可或缺的重要手段。十八大以来，习近平同志始终高度重视依法治国，坚定"公平正义"，为中国特色社会主义法治建设谱写了新的篇章。他在不同的场合多次强调法治在国家治理体系中无可替代的重要性。

2012年12月，习近平总书记出席首都各界纪念现行宪法公布施行三十周年大会并发表重要讲话，他从全局高度指出，"依法治国是党领导人民治理国家的基本方略，法治是治国理政的基本方式"。我们要"坚持依法治国、依法执政、依法行政共同推进，坚持法治国家、法治政府、法治社会一体建设"，作出"努力让人民群众在每一个司法案件中都能感受到公平正义"的庄严承诺。

2013年11月召开的十八届三中全会对全面深化改革作出系统部署。"建设法治中国"纳入《中共中央关于全面深化改革若干重大问题的决定》。此后不久举行的中央政法工作会议上，习近平同志指出，促进社会公平正义是政法工作的核心价值追求，保障人民安居乐业是政法工作的根本目标，要求政法战线旗帜鲜明坚持党的领导，实施好依法治国这个党领导人民治理国家的基本方略。

2014年9月，习近平同志在庆祝全国人民代表大会制度成立60周年大会上强调，"要抓住提高立法质量这个关键，深入推进科学立法、民主立法，完善立法体制和程序，努力使每一项立法都符合宪法精神、反映人民意愿、得到人民拥护"。

2014年10月，十八届四中全会在北京召开。我们党首次以全会的形式专题研究部署全面推进依法治国，确定了全面推进依法治国的总目标是"建设中国特色社会主义法治体系，建设社会主义法治国家"。提出这个总目标，既明确了全面推进依法治国的性质和方向,又突出了全面推进依法治国的工作重点和总抓手。

2015年2月,在省部级主要领导干部学习贯彻党的十八届四中全会精神全面推进依法治国专题研讨班上,习近平同志指出,党的十八届三中全会决定、四中全会决定形成了姊妹篇,改革和法治如鸟之两翼、车之两轮,将有力推动全面建成小康社会事业向前发展。他强调,要把全面依法治国放在"四个全面"的战略布局中来把握,深刻认识全面依法治国同其他三个"全面"的关系,努力做到"四个全面"相辅相成、相互促进、相得益彰。

2019年10月,十九届四中全会在北京召开。会议审议通过了《中共中央关于坚持和完善中国特色社会主义制度、推进国家治理体系和治理能力现代化若干重大问题的决定》。其中谈到:坚持和完善中国特色社会主义法治体系,提高党依法治国、依法执政能力。建设中国特色社会主义法治体系、建设社会主义法治国家是坚持和发展中国特色社会主义的内在要求。必须坚定不移走中国特色社会主义法治道路,全面推进依法治国,坚持依法治国、依法执政、依法行政共同推进,坚持法治国家、法治政府、法治社会一体建设。要健全保证宪法全面实施的体制机制,完善立法体制机制,健全社会公平正义法治保障制度,加强对法律实施的监督。

公平正义是衡量一个国家或社会文明发展的标准,是人类文明的标志之一。一方面,公平正义是人民群众的公平正义。维护社会公平正义最终是以保障人民群众的权利和自由为依归的,要以人民群众的获得感、幸福感和安全感作为维护社会公平正义成效的核心评判标准。人民群众的权利和自由有保障,获得感、幸福感和安全感就高,社会公平正义就获得了保障。另一方面,维护社会公平正义,就要在每一件立法、每一次执法、每一个案件、每一次行为中都让人民群众感受到公平正义。自中国古代起就将正义作为治理国家的价值旨归,在新时代下,中国共产党人要不断推进公平正义理念,将公平正义贯穿于中国特色社会主义建设全过程。

二、案　例

1. 张释之：执法公正，法不阿贵的"大法官"

西汉文帝时有一位"青天"式的大法官，他就是张释之。张释之在任期间，"守法不阿意"，严格按照法律规定审理案件，不惜多次顶撞汉文帝。有一次，汉文帝出行经过长安城北的中渭桥时，突然有一个人从桥下跑出来，惊了文帝所乘坐的车马，文帝险些被摔。此举令文帝十分恼火，他命人拘捕了此人，交给廷尉张释之查办。

这个惊动了文帝的人衙门交代说：我是长安县的乡下人，听到了清道禁行的命令，就躲在桥下。过了好久，以为皇帝的队伍已经过去了，就从桥下出来，一看见皇帝的车马，吓得立刻跑了起来。张释之审讯后，依法判决其为"冒犯车驾，罚金四两"，并向汉文帝作了报告。文帝生气地说：这人惊了我的马，幸亏我的马驯良温和，否则，说不定就摔伤了我，廷尉怎么才判他罚金四两！张释之说：法律是天子和天下人应该共同遵守的。现在法律就是这样规定的，如果任意加重处罚，如何取信于民？如果陛下当时就让人杀了他也就罢了，可现在陛下把案子交到我手里，廷尉是天下公正执法的带头人，稍一偏失，天下执法者都会效仿着任意或轻或重，老百姓岂不会手足无措？请陛下明察。冷静下来的汉文帝对于张释之的劝谏深以为是，称赞道："廷尉当是也！"

张释之在担任廷尉期间,坚持公平、公正的原则,后来甚至出现"张释之为廷尉,天下无冤民"的民间说法。

大法官张释之不畏权贵、秉公执法,以此案诠释了什么叫做"以事实为依据,以法律为准绳"。朱元璋就曾高度评价过张释之:历代任斯职者,独汉称张释之、于定国,唐称戴胄。盖有由其处心公正,议法平恕,狱以无冤,故流芳后世。此当为符合史实的平实之议。

2. 王勇——司法与民意良性互动的践行者

2018年8月27日,江苏省昆山市的一起刑事案件,当事人一方为驾驶宝马汽车的"龙哥"刘某某,另一方则是骑电动车的于某某。宝马车想抢非机动车车道行驶,并压白线逼停正常行驶的电动车,双方发生争执。宝马车主刘某某甚至从车上拿出刀对电动车主进行挥砍。挥砍中刀不慎掉落,电动车主捡起刀反向宝马车主砍去。28日晚间,警方发布通报:两人因行车问题,引发口角导致冲突,刘某某因抢救无效死亡。当时新闻报道中标题出现最多的是宝马司机持刀追砍电动车主,刀没拿稳遭对方夺过反杀。案发后120救护车到达现场对双方当事人进行抢救,刘某某经抢救无效死亡,于某某没有生命危险。

案发后路口监控视频流到网络,引发广大网友热议,大家对于某某是否属于正当防卫各执一词。江苏省苏州市检察院公诉二处处长王勇率领团队依法主动介入引导侦查,向人民群众清楚地阐释"什么是正当防卫",坚定地认为这起案件的性质就是正当防卫。

在介入初期,王勇针对案件事实共提出16条侦查建议,为及时查清案情提供了帮助。在查明事实后,他及时撰写了7000余字的事实和法律分析意见，提供给上级参考，为该案最后定性提供了法律基础。江苏省昆山市公安局根据侦查查明的事实，依据《中华人民共和国刑法》第二十条第三款的规定，认定于某某的行为属于正当防卫，不负刑事责任，决定依法撤销于某某故意伤害案。其间，公安机关依据相关规定，听取了检察机关的意见，昆山市人民检察院同意公安机关的撤销案件决定。

王勇在"昆山反杀案"中对案件定性的释法说理，体现了专业的法治精神、娴熟的法律技术、深刻的人文关怀，最终获得公众的理解与赞同。"昆山反杀案"的办理是让公平正义被社会大众"看见"的一堂法治公开课。

三、启　示

实现社会公平正义，必须坚定不移走中国特色社会主义法治道路，紧密联系我国法治建设实际，统筹整合各方面资源和力量，突出政法战线的关键作用，多措并举，充分发挥法治固根本、稳预期、利长远的保障作用。其主要启示如下：

第一，树立法治信仰。党的十九大报告指出："全面依法治国是中国特色社会主义的本质要求和重要保障。"习近平总书记在中央全面依法治国委员会第二次会议上强调，改革开放40年的经验告诉我们，做好改革发展稳定各项工作离不开法治，改革开放越深入越要强调法治。人民权益要靠法律保障，法律权威要靠人民维护。法律的权威源自人民的内心拥护和真诚信仰。必须弘扬社会主义法治精神，建设社会主义法治文化，增强全社会厉行法治的积极性和主动性，形成守法光荣、违法可耻的社会氛围，使全体人民都成为社会主义法治的忠实崇尚者、自觉遵守者、坚定捍卫者。广大政法干警必须把法治理念、法治精神融入工作和生活，心中高悬法律的明镜，手中紧握法律的戒尺，切实做到守法律、重程序、讲规矩。党员领导干部要带头尊崇法治、敬畏法律，做尊法学法守法用法的模范，以实际行动带动全社会弘扬社会主义法治精神，建设社会主义法治文化。

第二，推进司法公正。公正是司法的灵魂和生命，司法公正对社会公正具有重要引领作用，司法不公对社会公正具有致命的破坏作用。习近平总书记强调，要懂得"$100-1=0$"的道理，1个错案的负面影响足以摧毁99个公正裁判积累起来的良好形象。推进司法公正，要求各级党组织和领导干部要支持政法单位开展工作，支持司法机关依法独立公正行使职权；要求司法机关深化司法体制改革，按照权责统一、权力制约、公开公正、尊重程序的要求，确保依法独立公正行使审判权检察权、健全司法权力运行机制、完善人权司法保障制度；要求司法人员牢固树立公平正义理念，尊重宪法法律权威，坚持以事实为根据、以法律为准绳，实行办案质量终身负责制和错案责任倒查问责制；要求保障人民群众参与司法，完善人民陪审员制度，构建开放、动态、透明、便民的阳光司法机制，以公开促公正、以透明保廉洁。

第三，维护人民权益。公平正义是我们党追求的非常崇高的价值，全心全意为人民服务的宗旨决定了我们必须追求公平正义，保护人民权益、伸张正义。人权保障是我国宪法明确规定的基本原则，贯穿法治建设始终。中华人民共和国成立以来特别是改革开放以来，伴随着我国综合国力不断增强，维护和促进人权取得了前所未有的成就。尽管如此，我国的人权保障还有许多有待完善的地方。全面推进依法治国，必须加强人权的法治保障，决不允许对群众的报警求助置之不理，决不允许让普通群众打不起官司，决不允许滥用权力侵犯群众合法权益，决不允许执法犯法造成冤假错案。为此，要建设完备的法律服务体系，推进覆盖城乡居民的公共法律服务体系建设，完善法律援助制度，健全司法救助体系；健全依法维权和化解纠纷机制，建立健全社会矛盾预警机制、利益表达机制、协商沟通机制、救济救助机制，畅通群众利益协调、权益保障法律渠道；完善立体化社会治安防控体系，保障人民生命财产安全。

第四，强化法治反腐。改革开放以来，我们党大力推进法治反腐，全方位扎牢制度的笼子，为加强人权法治化保障提供有力支撑。1995年和2005年，最高人民检察院分别成立反贪污贿赂总局和反渎职侵权局；2007年，设立国家预防腐败局；2018年，通过宪法修正案并制定监察法，组建国家监察委员会，实现对所有行使公权力的公职人员监察全覆盖。法治反腐永远在路上。习近平总书记在十八届中央纪委二次全会上指出："要继续全面加强惩治和预防腐败体系建设，加强反腐倡廉教育和廉政文化建设，健全权力运行制约和监督体系，加强反腐败国家立法，加强反腐倡廉党内法规制度建设，深化腐败问题多发领域和环节的改革，确保国家机关按照法定权限和程序行使权力。"加强法治反腐能够确保人民群众在国家政治生活、经济生活和社会生活中的主人翁地位，确保党的群众路线的贯彻落实。加强法治反腐，要进一步加强思想政治建设，建设一支信念坚定、执法为民、敢于担当、清正廉洁的高素质政法队伍，不断筑牢忠于党、忠于人民、忠于法律的思想基础，不断提高政法队伍的整体素质，为实现社会公平正义奠定人才基础。

第六章　法不阿贵、绳不挠曲的正义追求

点　评

　　法治是治国理政的基本方式，也是社会文明的厚重基石。习近平同志说，推进国家治理体系和治理能力现代化，要高度重视法治问题，采取有力措施全面推进依法治国，建设社会主义法治国家，建设法治中国。把法治作为治国理政的基本方式，不仅凸显了法治在国家治理和社会管理中的重要作用，还体现了我们党在不断总结历史经验与教训的基础上，对执政规律的深刻把握，对执政使命的决心和担当。党的十八大以来，习近平总书记多次就依法治国发表重要论述，丰富发展了中国特色社会主义法治理论，为坚持中国特色社会主义政治发展道路、推进国家治理体系和治理能力现代化、建设法治中国指明了根本路径和努力方向。

思考题

1. 新时代建设法治中国的历程中，如何对待德治？
2. 政府官员如何做到公正廉洁？

第七章
孝悌忠信、礼义廉耻的人伦规则

> 每个时代都有每个时代的精神,每个时代都有每个时代的价值观念。国有四维,礼义廉耻,四维不张,国乃灭亡。这是中国先人对当时核心价值观的认识。
> ——2014年5月4日,习近平同志在北京大学师生座谈会的讲话

"孝悌忠信、礼义廉耻"在中国儒家文化中被称为"八德目",是中国封建社会个人修养、社会教化和国家治理的重要的伦理规范。新的历史时期,创造性地继承儒家文化的这一思想,对塑造中华民族独特的民族性格,促进社会的和谐稳定有重要价值。

一、孝悌忠信、礼义廉耻的基本内容

孝悌忠信、礼义廉耻作为儒家文化的核心理念,是处理社会关系、人与人之间的道德准则,它具有丰富的内涵。

1. 孝悌忠信

孝,是孝敬父母,悌,是兄弟和睦。儒家认为,百善孝为先,孝是人伦之本,道德之源,百行之冠,众善之始。《孝经》开篇就

讲："子曰：'夫孝，德之本也，教之所由生也。'"孝是德行的根本，一切王道教化都由此产生。"人之行莫大于孝""而罪莫大于不孝"。不孝之罪属于古代刑法"十恶不赦"罪名之一。那么，什么样的行为属于孝行？《大戴礼记》讲："大孝尊亲；其次不辱；其下能养。""孝"一是尊敬父母；二是不歧视、不虐待父母；三是赡养父母。如果把此三者加以概括，就是要从心理上尊敬父母，从物质上供养父母。凡做到这三点的就是"孝"。儒家论述孝文化的主要典籍是《论语》和《孝经》。孝文化的基本内容可以概括为以下几个方面：一是保全自己的身体。"身体发肤，受之父母，不敢毁伤，孝之始也"（《孝经·开明宗义》）。二是敬养父母，"今之孝者，是谓能养。至于犬马，皆能有养；不敬，何以别乎"（《论语·为政》）。三是"承志立身"，"立身行道，扬名于后世，以显父母，孝之终也"（《孝经·开明宗义》）。四是谏诤从义。对父母的错误行为要委婉谏言；五是移孝为忠，就是将对父母的孝上升为对国家、对君王的忠。

"忠"是忠诚，它强调自我反省，为别人办事是否尽心竭力，与朋友交往是否诚实可信。这里，忠是人与人之间交往的一种道德准则。儒家之"忠"更多强调的是忠君爱国。"君使臣以礼，臣事君以忠"（《论语·八佾》），君主对臣民以礼待之，臣子对君王尽忠职守，国家才能繁荣昌盛。先秦儒家肯定了下层臣民的人格尊严，君仁，则臣民尊君；君不仁，则臣民敢于直谏。忠是孝的延伸和扩展，不过是更高意义上的孝。《孝经》有"以孝事君则忠""君子之事亲孝，故忠可移于君"之语。这就把限于家庭中的伦理规范扩充到了社会交往与国家政治生活层面。而当忠孝难以两全时，个人要移孝为忠，尽忠报国。古人对"忠"多有赞誉，诸如忠诚、忠信、忠厚、忠实、忠恕等，不一而足。但是，应该清楚的是，传统文化的"忠"虽然包含着对民族、对国家的责任担当和热爱，而更多的是对封建帝王个人的效忠。这是因为，封建社会家天下的社会结构，以及对君主权力的神圣化。

信，本意为诚实守信，就是诚信。它有时与忠相联系，称为忠信，有时与义相连，称为信义，有时也称为信任。"信"对于个人而言，就是信誉、名望，它是一个人立身处世的基点，没有"信"，一切道德规范就无从谈起。对统治者而言，取信于民，社会就稳定，就会获得发展；失信于民，社会就混乱，甚至会出现统治危机。孔子提出"主忠信"的思想，将"忠信"与"仁"联系在一起。他认为那种哗众取宠、表里不一、言行相悖、失信于人的言行就是不信、不忠、不仁。传统诚信思想要求个人能够信守诺言。"是故诚者，天之道也；思诚者，人之道也。"（《孟子·离娄上》）诚信于个人而言是一种遵循天道的内心选择，不仅如此，还要做到知行合一，以实际行动来展示内心的诚信。能做到"言必信，行必果"的人就是君子，否则，就是小人。

2. 礼义廉耻

礼义廉耻又称为"四维"，《管子·牧民》中讲："何谓四维？一曰礼，二曰义，三曰廉，四曰耻。"管子在解释这一问题时说"礼不逾节"，"礼"让人们遵守基本的法律，不违法，其目的在于使人们严格遵守各种等级关系和基本规范，不能随意逾越；"义不自进"，"义"行为符合公义，不过分抬高自己，目的在于引导人们避免纷争，树立正确的价值观；"廉不蔽恶"，即在利益面前，保持清正廉洁，不掩饰自己的过错，在遇到恶行或坏人时，能够不包庇，积极加以阻止，"耻不从枉"，就是人有羞耻之心，不与小人同流合污，不做违反道德规范的事情。

第七章 孝悌忠信、礼义廉耻的人伦规则

礼，泛指中国古代与等级秩序相适应的典章制度、礼节仪式和社会道德规范。第一，强调和维护宗法等级秩序。礼就是"贵贱有等""长幼有序""男女有别"。它强调人们之间从财富占有、年龄长幼、男女性别之间的各种差别，等级层次以及这些等级的不可逾越。第二，强调人际关系的和谐。"礼之用，和为贵"（《论语·学而》），强调人与人之间、人与社会之间的和谐、和睦等。第三，个人品质和修养上的"温""良""恭""让"。"礼"作为"礼仪"则包容了大到国家重要活动，小到个人日常生活，涉及整个社会生活各个领域的一套规范。我们将中华民族称为"礼仪之邦"，在个人品质上推崇"彬彬有礼"的形象，足以说明这种文化的根深蒂固。几千年以来，"礼"文化对维护社会的稳定和谐，塑造谦谦君子的理想人格产生了深远的影响。但是，这一文化是宗法制度的产物，特别是宋代儒家将"三纲"作为礼教的核心内容之后，"礼"文化就造成了对人性的压抑和扭曲，以及人们之间交往的繁文缛节。

"义"在一般意义上是指公义、正义，它是一种道德目标和价值追求，也是人行为的道德准则。儒家在讲"义"的同时，往往将其与"利"相关。第一，"义"之范围可由小及大，由低到高。从个人之"义"，即利他，到整个社会之"义"，即社会普遍遵循的高尚道德原则，再到民族和国家"大义"，再到"公天下"的普遍价值。"利"的本意是利益、功利，包括物质利益，即对物质产品的占有。广义的"利"包括物质以及物质化的因素，如名声、地位、权力等。利也是一种道德实践，即求利的行为。第二，在义利关系问题上，儒家主张"义利相生"。这至少包括两层含义。一方面说利要依靠义来支撑，没有义也就没有了利。孔子说："富而可求也，虽执鞭之士，吾亦为之。如不可求，从吾所好。"（《论

语·述而》）孔子强调，只要是"可求"的富贵利禄，即使是为人执鞭驱车也足可为之。另一方面，只要循理、按"义"去做事，利就在其中，就会自然到来。当然，这种利不仅是利己，同时也是利人、利社会、利国家、利民族、利天下的大利。第三，"以义为上"，"重义轻利"。儒家将"利"，特别是私利看成是社会祸乱的根本。认为一个社会一味逐利，势必会激起民愤。只有不言利、不逐利，才能从源头上阻止社会的动乱。按照儒家的观点，仁、义、礼、智、信是人的本性，君子能够恪守信念，识见超卓，洞明世事，对"利"采取不理会的态度。宋代理学集大成者朱熹曾经举过一个例子：面对白金遗路，君子不予理会，而小人则取之。可见，君子和小人的区别并不在于言不言利，需要不需要利，而在于对待利的态度。第四，在义利的权重问题上，君子认为义高于利。因此，在义面前，不当的私利应当受到限制，膨胀的私欲应当受到道义的批判和否定，甚至正当的私利在更高层面的公利面前也要让位，应该"舍生取义"。孟子认为，当我们面临生死利害的抉择时，并非仅仅是欲生恶死或趋利避害，而是会在内心中作一番比较，即"所欲有甚于生者"，或"所恶有甚于死者"。这样的比较是在身体发肤的"小我"和"大义"之间选择了"义"，这就通过"义"实现了对生命最高价值的一种重构。

廉，即清正廉洁，指人的品行端正，清白高尚，公私分明，严于律己，洁身自好，不贪不占，朴素节俭。中国历史上的统治者深知：腐败者亡，倡廉者生，"公生明，廉生威"。在任何一个社会，一旦贪腐行为成为一种较为普遍的现象时，就会动摇这种统治的基础，这是必然的规律。因此，统治者大都重视惩治贪腐，倡导清廉，一些开明君主还不惜以严刑峻法惩治贪赃枉法的官员，同时不遗余力地褒扬清官廉吏。于是，包拯、海瑞、于谦等人就成为廉洁奉公的典范。

耻，指羞辱惭愧心。知耻，是指人要自尊自重，分辨善恶荣辱，有羞耻、羞恶之心。"人有耻则能有所不为"，人有知耻之心，就会知道什么该做，什么不该做，自觉约束自己的言行。不仅如此，人须知耻，方能过而改，"知耻而后勇"，有了知耻心，就会严于律己，不文过饰非而能有错必改，从而战胜自己。宋朝陆九渊曾说："夫人之患莫大乎无耻，人而无耻，果何以为人哉？"对人来说，没有比无耻更大的毛病了，人要是无耻，就不配做人。一个人如果连知耻心都没有，他就不可能成为一个有良心的、有道德的人，他就会成为道德沦丧的无耻之徒。在"礼义廉耻"中，耻尤为要，是礼、义、廉的基础和前提。

二、案 例

1. 两弹元勋邓稼先

邓稼先出生于安徽怀宁县。1948年，邓稼先怀着科学救国的理想，远渡重洋去美国留学。在不足两年的时间里他读满学分，并通过博士论文答辩，这时他只有26岁，人称"娃娃博士"。其后，邓稼先婉言谢绝了恩师的极力挽留，于1950年10月，怀着报效祖国的赤子之心，放弃了国外优越的工作条件和生活环境，毅然回到了一穷二白的祖国。回国时有人问他你带回了一些什么？他说："带了几双眼下中国还不能生产的尼龙袜子送给父亲，还带了一脑袋关于原子核的知识。"

1958年秋，钱三强找到邓稼先，说"国家要放一个'大炮仗'"，征询他是否愿意参加这项必须严格保密的工作。邓稼先义

| 中华文化的核心理念

无反顾地表示同意，回家后只对妻子说自己要调动工作，不能再照顾家和孩子，以后和家里的通信也会很困难。从小受爱国思想熏陶的妻子明白，丈夫肯定是从事对国家有重大意义的工作，表示坚决支持。从此，邓稼先的名字便在媒体宣传和对外联络中消失了。

1959年6月，刚刚开始研究工作的邓稼先和他的团队，遇到了苏联公开违约、撤走专家的大麻烦，邓稼先毅然担任了设计的负责人。他带领研究团队攻克了一个又一个的理论难题。不仅如此，邓稼先经常冒着酷暑严寒到飞沙走石的戈壁试验场。他在试验场度过了整整8年的"单身汉"生活，有15次在现场领导核试验，从而掌握了大量的第一手材料。1964年10月，由他设计的中国第一颗原子弹爆炸成功。两年零八个月后，我国第一颗氢弹试验成功，创造了世界上最快的速度。

❖ 邓稼先工作图

第七章 孝悌忠信、礼义廉耻的人伦规则

　　1985年，邓稼先因长期接触核物质，患上了肝癌。几天之后，医生强迫他住院。面对妻子和组织的关怀，他说："我知道这一天会来的，但没想到它来得这么快。"中央尽了一切力量，却无力挽救他的生命。1986年，这位中国的"两弹元勋"永远地离开了我们，离开了他的亲人。邓稼先在世时，很多人问他，搞"两弹"得了多少奖金，他总是笑而不答。有一年，杨振宁看望他，也问到这个问题，邓稼先说：原子弹10元，氢弹10元……

　　邓稼先的所作所为体现出"两弹一星"精神，这就是热爱祖国、无私奉献，自力更生、艰苦奋斗，大力协同、勇于登攀的精神。它不仅促进了国防事业的发展，还带动了科技事业的发展；培养了一批吃苦耐劳、勇于创新的科技队伍；极大地增强了中国人民的信心，推动了社会主义事业的发展。从个人角度讲，这体现了"科学没有国界，但科学家有国籍"的爱国情怀。邓稼先放弃优厚的待遇，毅然回到贫穷落后的祖国，虽历经千辛万苦、受尽磨难而决不放弃。回国后，告别了城市的璀璨灯火，隐姓埋名在荒僻的大西北干着最粗最苦的重活，在最短的时间内创造了"两弹一星"的奇迹。他"舍弃小家而为大家"，把对父母的"孝"、妻子的爱、子女的责任化为对科学的不懈追求和对国家的"忠"。将传统文化的"孝悌忠信、礼义廉耻"根植于内心，化为自觉的行动。

2. 徙木立信

　　《史记·商君列传》中记载了商鞅变法的一段文字。春秋战国时，秦国的商鞅在秦孝公的支持下主持变法。当时各个国家之间战争频繁、人心不稳，为了树立威信，推行新法，商鞅下令在都城南门外立一根三丈长的木头，并当众许下诺言：谁能把这根木头

中华文化的核心理念

搬到北门,赏金十两。围观的人不相信如此轻而易举的事能得到如此高的赏赐,因此无一人尝试。于是,商鞅将赏金提高到50金。重赏之下必有勇夫,终于有一个人将木头扛到了北门。商鞅立即兑付了承诺。商鞅这一举动,在百姓心中树立起了威信,而他接下来的变法很快就在秦国推广开了。秦国经过变法,出现了路不拾遗、山无盗贼的太平景象,百姓勇于为国作战,乡野城镇都得到了治理,秦国渐渐强盛,最终统一了中国。

❖ 徙木立信

而早在商鞅变法的400年以前,也曾发生过一场令人啼笑皆非的"烽火戏诸侯"的闹剧。周幽王有个宠妃叫褒姒,是一个冰山美人,平时很少展露笑容。为博取她的一笑,周幽王下令在都城附近20多座烽火台上点起烽火。在古代,燃起烽火是边关报警有外敌入侵的信号。当诸侯们见到烽火,率领军队匆匆赶到勤王护驾时，才明白这是周幽王为博美人一笑的荒唐之举，于是纷纷愤然离去。褒姒看到平日威仪赫赫的诸侯们手足无措的样子，终于开心一笑。五年后，外敌大举攻周，幽王再次燃起烽火召集诸侯共同抗敌，这时谁也不愿再上第二次当了。结果幽王被逼自刎，褒姒也被俘虏。

一个"立木取信"，一诺千金；一个帝王无信，当国事为游戏。结果前者变法成功，国强势壮；后者自取其辱，身死国亡。可见，"诚信"对一个国家的兴衰存亡起着非常重要的作用。1912年上半年，毛泽东写了一篇题为《商鞅徙木立信论》的文章，一开头就提出："商鞅之法，良法也。今试一披吾国四千余年之纪载，而求其利国福民伟大之政治家，商鞅不首屈一指乎？"并竭力推崇商鞅"惩奸宄以保人民之权利，务耕织以增进国民之富力，尚军功以树国威，孥贫怠以绝消耗"，"此诚我国从来未有之大政策"。

三、启　示

习近平同志在《纪念孔子诞辰2565周年国际学术研讨会暨国际儒学联合会第五届会员大会开幕会上的讲话》中指出："中国优秀传统文化的丰富哲学思想、人文精神、教化思想、道德理念等，可以为人们认识和改造世界提供有益启迪，可以为治国理政提供有益启示，也可以为道德建设提供有益启发。"孝悌忠信、礼义廉耻作为中国封建社会条件下产生并发展的基本道德规范，在几千年历史发展中渗透于中国人的血脉中，构成中华民族的性格特征。随着时代的发展，其中有些思想已经过时，但是，它们的基本精神却可以在现代社会条件下加以创新性发展。特别是对于党员干部自身的修养有重要的启示作用。作为党员领导干部，要积极加

中华文化的核心理念

强自身修养,不断完善人品操行,提高人生境界,做"一个高尚的人,一个纯粹的人,一个有道德的人,一个脱离了低级趣味的人,一个有益于人民的人"。

❖ 讲好家庭故事　传承优良家风

第一,以孝悌促进家风建设。2015年2月17日,习近平同志在春节团拜会上说:"家庭是社会的基本细胞,是人生的第一所学校。不论时代发生多大变化,不论生活格局发生多大变化,我们都要重视家庭建设,注重家庭、注重家教、注重家风……使千千万万个家庭成为国家发展、民族进步、社会和谐的重要基点。"2015年2月28日,习近平同志在主持中央深化改革领导小组第十次会议时强调:"领导干部的家风,不是个人小事、家庭私事,而是领导干部作风的重要表现。"2015年10月18日,中共中央印发《中国共产党廉洁自律准则》中提出:"廉洁齐家,自觉带头树立良好家风。"这是以党内纪律的方式,首次将"廉洁齐家"列为党

第七章　孝悌忠信、礼义廉耻的人伦规则

员领导干部廉洁自律规范的重要内容之一，将树立良好家风列为党员领导干部的必修课。党员干部不但要加强自身的修养，有认真负责的工作作风、吃苦在前享乐在后的生活作风，要有善良的品格、大爱的胸怀，同时，也要言传身教，教育好子女，使其成为对社会有用的人才。和睦的家庭必然是父慈子孝，兄友弟恭，夫妇有爱。

第二，树立正确的义利观。毛泽东同志指出："我们是无产阶级的功利主义者，我们是以占全人口百分之九十以上的最广大群众的目前利益和将来利益的统一为出发点的，所以我们是以最广大和最远为目标的革命功利主义者，而不是只看到局部和目前的狭隘的功利主义者。"在社会主义社会，我们提倡个人利益和集体利益相统一。个人利益是集体利益的基础，没有个人利益的实现，就没有集体利益的充分发展；个人利益又依赖于集体利益，集体利益是满足个人利益的保障和前提。我们从不否定人对利益的追求。马克思说过："人们奋斗所争取的一切，都同他们的利益有关。"但"君子爱财，取之有道"也是中国人一直所崇尚的价值观。个人正当利益可以追求，见利思义、取之有道，便是君子；见利忘义、损人利己，便是小人。因此，我们强调集体利益高于个人利益，党员干部时刻将国家、民族、集体大义放在个人利益和得失之上。在个人利益和集体利益发生冲突时，要坚持民族大义，把国家和集体利益放在首位，选择先义后利、舍利取义，甚至舍生取义，彰显共产党人义利观。

第三，清正廉洁，为民表率。"政者，正也；子帅以正，孰敢不正？"（《论语·颜渊》）党员干部在任何时候都要坚守公平正义的基本原则，要清正廉洁，勤勉自律。清廉是为政的根本。党员干部不仅要崇尚节俭，还要勤勉自律。要有明确良好的政绩观，要

"心存敬畏，手握戒尺"。遵纪守法、不碰底线；要守住廉洁底线，正确行使权力，做到情为民所系、权为民所用、利为民所谋。要不断加强自身修养，始终保持头脑"清醒"；要做到慎始、慎微、慎独、慎行、慎权，管好自己的口、手和脚；要常算政治账、经济账、名誉账、家庭账、亲情账、自由账；牢记"祸莫大于不知足，咎莫大于欲得"的道理，管住自己的欲望，在各种诱惑面前立场坚定，在风浪考验面前无所畏惧。

第四，以"礼"为社会和谐、秩序与稳定的重要保障。中国古代的礼治与法治并用，维护了封建社会的长期稳定与发展。在当代社会，仍然需要以德治国与依法治国的有机结合。"礼"既是传统美德，也是人类文明的表现形式之一。在党内，"守礼"就是守规矩，既包括党纪国法、规章制度，又包括道德规范、行为礼仪。在政治上，党员干部要自觉加强党性修炼，始终坚定理想信念，自觉同党中央保持一致，同组织保持一致，做到令行禁止，政令畅通；在工作上，既要勇于创新和承担责任，又必须严格按程序、按规矩办事；在生活上，要守纪律、讲规矩。要注重修养，明荣知耻，讲操守，重品行，始终做到生活正派、情趣健康。不搞攀比、不讲排场、不摆阔气。在人际交往过程中，讲礼貌、讲礼节、讲礼仪。对人彬彬有礼，温润如玉，宽厚和蔼。

第五，以"信"为维护社会信誉和诚实的准则。在党内，少数人存在的心口不一、言行不一、弄虚作假、欺上瞒下等不正之风，败坏了党在人民群众心目中的威信，因此，共产党人，特别是党的领导干部，要带头弘扬社会主义核心价值观，讲诚信，重言诺。要忠于国家和民族，忠诚于党和党的事业，做到与党同心同德，不忘初心、方得始终，自觉把尽责作为诚信的表现，始终牢记自己的职责使命，在新时代勇于作为、敢于担当，承担起新时代的历史使命和历史责任；在日常工作中，要开诚布公，讲真话讲实话。做事当言行一致，言必信、行必果，沉下身子真抓实干，多为群众解决实际问题。通过做好一点一滴，积累诚信声誉，厚实诚信底蕴。以自身守信的形象体现党和政府的形象，赢得人民群众的信任、支持和拥护。

点 评

> 传统文化中儒家的"孝悌忠信、礼义廉耻"的伦理准则已经成为规范中华民族及每个社会成员行为的道德操守，也塑造了独特的民族形象。虽然这些产生于农耕文明的道德规范有历史的局限性，但我们仍然可以从中寻找到有益于当前社会文明、和谐与发展的理念，并结合当今时代的发展，赋予其新的内涵。今天，我们需要创新性地发展"孝悌忠信、礼义廉耻"的传统观念，以仁爱为基础，以新的义利观为准则，以"礼"为社会秩序与稳定的重要保障，以"信"为维护社会秩序的规范，以爱国主义为主线，以新型孝文化为家庭关系的维系，促进我国社会和谐稳定地向前发展。

思考题

1. 在当代社会，讲"礼"的具体表现是什么？
2. 个人如何做到义利统一？
3. 在现代社会中，如何理解"老实人总是吃亏"？

| 中华文化的核心理念

第八章
任人唯贤、选贤与能的用人标准

  伟大的斗争，宏伟的事业，需要高素质干部。我们要坚持德才兼备、以德为先，坚持五湖四海、任人唯贤，坚持事业为上、公道正派，坚决防止和纠正选人用人上的不正之风，把党和人民需要的好干部精心培养起来、及时发现出来、合理使用起来。

  ——习近平在庆祝中国共产党成立95周年大会上的讲话

中华五千年的文明史上，任人唯贤、选贤与能的用人标准在推进社会发展过程中起到了积极的作用。其中，坚持"德才兼备，先乎德行"的基本原则，是中国传统选官制度的一个基本特征。在漫长的社会发展进程中，中国传统的选官制度凝练升华为中华文明的基本内涵，体现了先贤的智慧结晶。汲取古代官箴的精华内容，并将其与现代社会的政治生态环境相结合，探索出适合现阶段官德建设的有效路径，并内化为领导干部的行为准则和道德要求，是领导干部更好地发挥实事求是精神、为人民服务、起带头作用的重要渠道。

第八章 任人唯贤、选贤与能的用人标准

一、中国传统官员选拔制度历史渊源和深刻意蕴

1. 选贤与能的历史演进

纵观中国历史数千年的发展历程,安邦治国者,没有不以用人为先的。三代时期:商汤任伊尹灭夏,武王用太公伐纣;春秋战国时期,齐国依管仲、晏婴以称强霸,弱随因季梁而享国日久,安陵君因有唐雎而抗强秦,秦国据商鞅、韩非乃得一统;秦汉以降,刘邦识张良、韩信而能"运筹帷幄,决胜千里",汉武帝用卫青、霍去病而得以北扫匈奴,刘备招卧龙、凤雏始得"三分天下"。中世以后,唐有太宗启魏徵于敌营,亲房玄龄、杜如晦(房谋杜断),成就"贞观之治",玄宗用姚崇宋璟,遂有"开元盛世";明有洪武劝伯温于草莽,奠定新朝基业。凡此种种,不一而足,足以说明古代有见识的帝王将相,无不把圣贤才俊视为平治天下的枢机。而如何获得这些人才的襄助,实现稳定的社会治理,除了情感等非理性因素外,尚有很多理性的制度安排。简要说来,传统社会官员的选拔任用在历史发展的不同时期稍有差异,体现出鲜明的时代特色。

先秦时期,官员的选拔和任用主要是"世卿世禄制"。简单来说就是:"卿"之类的贵族,世世代代、父死子继,世袭罔替,不论才能;"禄"是官吏所得的享受财物。官吏们世世代代把持政权、父死子继,享有所封的土地及其赋税收入。其最典型的形态就是西周的分封制。这一时期的官员称为"卿",所以称"世卿制"。官员由君主直接任命,官职世代相传,父死子继,兄死弟及,甚至有些官员是跟统治者有血缘关系的,有非常明显的家天

下的特征,所以在这个时期,出身贫贱的百姓是不大可能谋取到一官半职的。因此这种制度本质上也是一种世袭制,不过对象从君主换成官职,官职被家族世代垄断。

春秋战国时期,礼崩乐坏。魏国任用李悝变法、楚国用吴起变法、秦国用商鞅变法,开启了君主专制的大门。特别是商鞅变法的成功,使得秦的国力急剧提升,为最终的统一大业奠定了坚实的基础。而其强调的按军功授爵,在一定程度上撬动了"世卿世禄制"的裂缝,有利于新兴地主阶级势力的增强。

汉朝建立了一整套选拔人才的制度,比如察举制和征辟制。高祖颁布《求贤诏》,命令征召贤士大夫,并责成中央和地方官吏推荐人才。文帝时期明确规定公卿郡守以及王侯每年都要向皇帝选荐"贤良方正","上亲策之"。武帝时采纳儒学大师董仲舒的建议,令郡守、县令举孝廉,察举的科目分为贤良方正、孝悌力田、茂才异等和孝廉,并把直言极谏作为贤良方正的标志。同时,又制定了"四科""四行"的标准,由皇帝特召选官。由于察举科目多,涵盖了国家所需的各种人才,选拔的范围也较广,为有真才实学的人提供了很多晋身仕途的机会。

魏晋南北朝时期重要的选官制度是"九品中正制"。九品中正制是魏文帝曹丕于黄初元年(220)制定的选官制度。到西晋时,该制度渐趋完善。众所周知,汉朝察举制的选官模式,到了东汉末年滋生了种种腐败的现象,因此魏文帝曹丕在采纳大臣的建议后,制定了九品中正制。九品中正制的主要内容是任命中央官吏兼任原籍地的州、郡、县的大小中正官,负责察访本州、郡、县散处在各地的人才,综合德才、门第定出"品"和"状",供吏部选官参考。九品中正制实际上是察举制的改进,在一定程度上起到了选拔人才的作用。其选拔标准以家世、品德、才能多因素并重,

第八章 任人唯贤、选贤与能的用人标准

起到了延揽人才的作用。需要注意的是,九品中正制的推行剥夺了州郡长官培养心腹亲信的权力,将官吏的任免权收归中央,有利于加强中央的权力,但过分强调家世门第在官员选拔中的作用,在一定程度上造成了世家大族尾大不掉的事实,为王朝的安全带来了隐患。

隋唐以降的科举制度。随着士族门阀的衰落和庶族地主的兴起,魏晋南北朝以来选官注重门第的九品中正制已无法继续。隋文帝即位以后,废除九品中正制,首次采用分科考试的办法选拔人才。之后继承大统之位的隋炀帝,正式确立科举制选拔人才,为此后历代王朝所沿用。科举制很大程度上改善了之前的用人制度,彻底打破了血缘世袭关系和世族的垄断,使得社会中下层有真才实学的知识分子得以在国家管理上施展自己的才能。唐代孟郊的《登科后》云:"昔日龌龊不足夸,今朝放荡思无涯。春风得意马蹄疾,一日看尽长安花。"形象地说明了庶族地主通过科举获取功名后的喜悦之情。同样地,白居易27岁时进士及第,在同时考中的17人中最为年轻,得意之余他挥毫写道:"慈恩塔下题名处,十七人中最少年。"宋代汪洙的"朝为田舍郎,暮登天子堂",在表达个人内心喜悦、激动之情的同时,也充分说明了部分社会中下层有能力的读书人借此得以进入社会上层,获得施展才智的机会。

科举制虽是在唐代定型,但熟悉唐史的人都知道,唐代科举取士的名额和机会非常少,因此选官制度在很大程度上仍然由依靠血统门第的门阀士族把控。直到唐朝末年的黄巢起义,才彻底摧毁了魏晋以来门阀士族的统治基础。从宋开始,科举制度在选官制度中发挥了决定性的作用。法国汉学家谢和耐、白乐日以及日本学者内藤湖南等所持的"唐宋变革论",把宋看做是中国近代

社会的开端，其中很重要的一点就是宋朝的选官制度和唐朝有了很大的区别。因此还有西方学者称宋朝的科举制度是现代文官制度雏形。

从隋文帝开科取士始，至清光绪三十一年（1905）举行最后一科进士考试为止，科举制前后经历1300余年，成为世界上延续时间最长的选拔官员的制度，对中国及周边国家影响非常深远。

选官用人制度得当，能够促进社会阶层流动，同时起到维护中央统治的作用，因此选官用人制度被历代统治者所重视。但任何制度都有其发展的时代背景和现实基础，根据上述我国古代选官制度的兴起与消亡可知，若是统治者一味遵守旧制而不能顺应时代的发展，作出积极的改变，这些原本推动社会发展的选官用人制度最终会变成时代前进的"绊脚石"，与衰败的王朝一同覆灭。

总结古人用人的经验和教训，"识人""任人""御人"环环相扣。分而言之，用人之难，莫过于无人可用，所以要"识人"并"任人"，这是利用现有的人才资源；用人之弊，莫过于各失其宜，所以要"任人"并"御人"，这是为未来准备。三者之中的"任人"，又是用人者最常面对且难以把握的环节，可以说是选贤任能之关键。

2. 新时代如何坚持正确选人用人导向

党的十八届六中全会通过的《关于新形势下党内政治生活的若干准则》确立了"党要管党必须从党内政治生活管起，从严治党必须从党内政治生活严起"的管党治党指导思想，强调坚持正确选人用人导向是严肃党内政治生活的组织保证。必须严格标准、健全制度、完善政策、规范程序，使选出来的干部组织放心、群众

第八章　任人唯贤、选贤与能的用人标准

满意、干部服气，形成能者上、庸者下、劣者汰的选人用人导向。

第一，严格执行党章规定的干部条件和好干部标准。用人标准与用人导向紧密相连，是干部工作的首要问题。党选人用人的标准，概括地讲就是德才兼备、以德为先，具体地讲就是党章所规定的领导干部六个方面基本条件。主要包括政治素养、思想作风、履职用权、专业能力、修身自律等要求。"秉纲而目自张，执本而末自从。"在选人用人实践中必须强化党章意识，更好地坚持党章规定的干部条件。当前，经济发展进入新常态，改革开放进入深水区，经济转型的任务十分繁重，社会治理的难度正在加大。在此背景下，必须强化敢于担当的好干部标准，格外关注那些作风正派、勇于任事、锐意进取的干部，把想改革、谋改革、善改革的干部及时用起来，并在工作中旗帜鲜明地为敢于担当的干部担当，为敢于负责的干部负责，激励更多的干部勇挑重担、奋发有为。

第二，坚持事业为上。以事业为上，是坚持正确选人用人导向十分重要的方面，是选好人用准人的根本出发点，任何时候都必须加以坚持。选拔任用干部、在事业发展与干部成长这两个因素的把握上，一定要始终抱着对党和人民事业高度负责的精神，坚持党的原则第一、党的事业第一、人民利益第一，把事业需要、岗位要求与促进干部成长、调动各方面积极性有机结合起来，做到以事择人、依岗选人、人岗相适，使事业在优秀干部推动下兴旺发达，让干部在推动事业发展中健康成长。

第三，把公道正派作为干部工作核心理念。公道正派，是对各级党委和各级领导干部在选人用人上的基本要求，也是组织人事部门职业道德和行为规范的核心内容。把公道正派作为干部工作核心理念，是由干部工作的特点决定的。做好干部工作，选好

人用准人，固然在宏观环境和微观操作上需要许多条件，但最核心的是公道正派。用人真正做到了公道正派，其他的都变得简单了。这是干部工作让党放心、让人民满意、让干部服气，充分调动各方面积极性，促进党的事业发展和国家长治久安的根本保证。

第四，强化党组织的领导和把关作用。党管干部原则是干部工作的根本原则。党组织的领导和把关是贯彻党管干部原则的重要体现和必然要求。党的十八大以来，习近平总书记多次强调要坚持党管干部原则，强化党组织的领导和把关作用。在选人用人方面赋予党组织更大的权重，这是对党委（党组）集体而言的，必须充分认识、自觉承担起党委（党组）集体管干部、用干部的重大责任。

第五，自觉防范和纠正用人上的不正之风和种种偏向。用人风气的好坏，直接影响用人行为和党内政治生态。用人风气好，干部选拔任用工作就能在不受外界干扰的情况下，严格按党性原则和用人政策办事。反之，整个用人秩序就无法正常维持，真正的好干部也难以选上来。因此，必须以最坚决的态度、最果断的措施，继续大力整治用人上的不正之风和种种偏向，努力营造风清气正的用人环境。坚决禁止跑官要官、买官卖官、拉票贿选等行为。坚决纠正唯票、唯分、唯生产总值、唯年龄取人等偏向。

领导干部要带头执行党的干部政策，带头严守组织人事工作纪律，带头坚持原则，带头抵制用人上的不正之风。

复旦大学张维为教授认为，从制度传承来看，中国选贤任能的制度源于持续了上千年的科举选拔制度，也融入了西方政治制度中的一些做法，如民调和选举等。这种集古今优势和中外长处为一体的制度安排无疑具有强大的生命力，它是中华民族走向伟大复兴的制度保证。回看西方，张维为教授认为，在许多西方国家里，多党民主制度早已演变成一种"游戏民主"，即把民主等同于竞选，把竞选等同于政治营销，把政治营销等同于拼金钱、拼资源、拼公关、拼谋略、拼形象、拼演艺表演；政客所做的承诺无须兑现，只要有助于打胜选战就行。这种没有"选贤任能"理念的"游戏民主"所产生的领导人能说会道者居多，能干者极少。因此，张维为教授认为：经过数十年的实践，中国在政治改革的探索中已经把"选拔"和"选举"较好地结合起来。在过去一段时间里，我们形成了能够致力于民族长远和整体利益的领导团队和梯队。这套制度建设意味着，大部分领导干部的快速发展都经过了大量的基层锻炼，经过不同岗位的工作实践，经过包括初步考察、征求意见、民调、评估、投票、公示等一系列程序，最后才能担任关键职务。虽然这种制度设计还有不足之处，还在继续完善之中，但就现在这个水平也足以和西方选举政治模式竞争。过去数十年中国的快速发展和西方的持续衰落就证明了这一点。今天，我们可以自信地说，中国人经过百折不挠的探索终于走出了自己的成功之路，我们今天可以为许多国家提供治国理政的经验和智慧，这是值得我们自豪的。

二、案 例

1. 牛玉儒——党员领导干部的楷模

牛玉儒，内蒙古通辽人，1952年出生。历任内蒙古自治区纪委秘书长、内蒙古自治区政府秘书长、中共内蒙古自治区包头市委副书记。1997年4月在内蒙古自治区包头市人大十届五次会议上当选为市长。2001年2月任内蒙古自治区副主席。2003年4月

中华文化的核心理念

任自治区党委常委、呼和浩特市委书记。牛玉儒是第九届全国人民代表大会代表，中国共产党的优秀党员，是党的优秀民族干部。2004年8月14日，牛玉儒因病医治无效，在北京不幸逝世，享年52岁。

牛玉儒，男，蒙古族，1952年11月出生，1975年11月加入中国共产党，曾任内蒙古自治区党委常委、呼和浩特市委书记。2004年被评为年度感动中国十大人物。

党员领导干部的楷模
——记原内蒙古自治区党委常委、呼和浩特市市委书记牛玉儒

党的好干部牛玉儒，数十年来在不同的岗位上，呕心沥血，披肝沥胆，生命不止，奋斗不息。牛玉儒的先进事迹集中体现了一位党的优秀领导干部忠诚实践"三个代表"重要思想、为党和人民的事业尽职尽责、鞠躬尽瘁的理想追求和精神风貌。

牛玉儒是草原人民的儿子。在短短五十载的风雨行程中，他将满腔的热血化作辛勤的汗水，兢兢业业，忘我工作，以出色的业绩赢得了当地百姓的尊敬与爱戴。在他身上，闪现着一个优秀共产党员的本色。

牛玉儒具有坚强的党性原则。他能够从党和国家兴衰存亡的高度，来认识和理解党员干部和人民群众之间的关系。无论身居

第八章　任人唯贤、选贤与能的用人标准

何职,他都牢记,我们的党是全心全意为人民服务的政党,党的性质、宗旨决定了党员干部必须立党为公、执政为民,否则,就无法实现党的领导作用。正是这样一种坚定的政治信念,使他深怀爱民之心,恪守为民之责。

牛玉儒具有强烈的政治责任感。他心里装着群众,凡事想着群众,工作依靠群众,坚持权为民所用。真正代表人民掌好权、用好权是每个党员干部的神圣职责。在牛玉儒的眼里,职务的本身是责任,有了领导职务就必须负起领导责任,党和人民赋予的权力重如泰山。他为官一任,造福一方,深得民心。

牛玉儒深具公仆情怀,善谋富民之策,勤办利民之事。他体察民情,顺乎民意,关注民生,真正把群众的疾苦放在心头。他不为繁忙公务所束缚,不为应酬交往所拖累,经常深入企业、社区、农村牧区、工地等基层一线,深入下岗职工、残疾人士、贫困农牧民之中,嘘寒问暖,直接解决事关老百姓切身利益的实际问题。他忧民之忧、乐民之乐,决不摆高高在上的"官架子",决不搞劳民伤财的形式主义"花架子"。

牛玉儒常说:"执政为民不是一句空话,我们抓经济建设、抓城市建设,最终目的就是为了提高老百姓的生活水平。一定要让人民群众享受到经济发展的成果和实惠。"他始终将群众高兴不高兴、群众答应不答应、群众满意不满意、群众赞成不赞成,作为想问题、办事情的出发点和归宿,实实在在地去实现群众的愿望,满足群众的需要,维护群众的利益,增进党同人民群众的血肉联系。他把毕生精力奉献给了党和人民,直到生命的最后一刻。

牛玉儒用自己的一生塑造了新时代领导干部的光辉形象,他是自觉实践"三个代表"的典范,是党和人民的光荣和骄傲。牛玉儒的感人事迹,生动地体现了共产党员的优秀品质。今天,我

们向牛玉儒同志学习,就是要学习他执政为民的坚强党性,学习他一心为民的高尚情怀。当前,我们正处于全面建成小康社会、推进社会主义现代化事业的关键时期,伟大的事业需要千千万万牛玉儒式的好干部。各级领导干部都要以牛玉儒同志为榜样,全心全意为人民服务,为民分忧解难,为民造福一方。

2. 时代楷模——黄文秀

黄文秀,广西田阳人,中共党员,1989 年 4 月出生。2016 年 7 月北京师范大学法学硕士毕业,同年同月成为广西定向选调生,被分配到百色市委宣传部工作。2017 年 9 月至 2018 年 3 月,挂任百色市田阳县那满镇党委副书记;2018 年 3 月起担任百色市乐业县新化镇百坭村党支部第一书记。2019 年 6 月 16 日,黄文秀工作途中遭遇山洪暴发不幸遇难,年仅 30 岁。

黄文秀同志是在习近平新时代中国特色社会主义思想教育指引下成长起来的优秀青年代表,是"不忘初心、牢记使命"的先进典型,是在脱贫攻坚一线挥洒血汗、忘我奉献的基层党员干部的缩影。

她求学时积极上进,认真学习习近平总书记系列重要讲话和党的基本理论;到贫困村任职第一书记后自觉用习近平新时代中国特色社会主义思想指导实践,向驻村群众宣讲习近平总书记关于农村工作和乡村振兴的重要论述,推动党的创新理论在边远山区落地生根。

她始终把党的事业放在心中最高位置,毕业时放弃大城市的工作机会,毅然回到家乡革命老区百色工作,并报名到条件艰苦的边远贫困山区担任驻村第一书记,在脱贫攻坚一线倾情投入、默默奉献,奋斗至生命最后一刻。她把扶贫之路作为"心中的新长征",全身心扑在工作上,遍访建档立卡贫困户,手绘"民情地图",往来奔波于崎岖的山路,跑项目、找资金、请专家,组织贫困户成立互助组,建立电商服务站解决农产品滞销问题,有力促进了农民增收、带动了全村整体脱贫。

她对群众满怀深情、真诚质朴,虚心向老村支书请教群众工作方法,关爱孤寡老人和留守儿童,发挥自身法学专业优势,积极为村民化解矛盾,赢得了群众普遍信任。她性格坚毅、自强自立、克己奉公,尽管父母长期患病,家境困难,却从未向组织提过任何要求,始终保持乐观向上的态度,尊敬孝顺父母,热心帮助他人,用人格力量感染和温暖身边每一个人。

黄文秀同志把青春和热血都献给了脱贫攻坚事业,以实际行动诠释了共产党人的初心和使命,用短暂而精彩的人生谱写了一曲新时代共产党员的奉献之歌。

2019年,习近平总书记对黄文秀同志先进事迹做出重要指示:黄文秀同志不幸遇难,令人痛惜,向她的家人表示亲切慰问。习近平总书记强调,黄文秀同志研究生毕业后,放弃大城市的工作机会,毅然回到家乡,在脱贫攻坚第一线倾情投入、奉献自我,用美好青春诠释了共产党人的初心使命,谱写了新时代的青春之歌。广大党员干部和青年同志要以黄文秀同志为榜样,不忘初心、牢记使命,勇于担当、甘于奉献,在新时代的长征路上做出新的更大贡献。

中宣部于2019年7月1日向全社会宣传发布黄文秀的先进事迹,追授她"时代楷模"称号;中共中央追授黄文秀"全国优秀共产党员"称号;2019年11月,黄文秀入选感动中国2019候选人物;2020年1月,黄文秀被评为"2019十大女性人物"。

三、启　示

人无德不立，官无德不为。一般人无德，影响可能不大，但如果党员干部特别是主政一方的党员领导干部失德，就会损害社会进步、危害人民利益、贻害党的事业。2018年7月3日，习近平总书记在全国组织工作会议上把"坚持德才兼备、以德为先、任人唯贤"作为新时代党的组织路线的重要内容，并强调要建立以德为先、任人唯贤、人事相宜的选拔任用体系，要求干部加强政德修养、打牢从政之基。

"德"是"才"的统帅，决定着"才"发挥作用的方向；"才"是"德"的支撑，影响着"德"的作用范围。为政之德乃党员干部的从政之本。因而，组织部门在考察干部时，一定要注重考察其政治品质、道德品行。政德的表现主要通过干部爱国爱民、实干肯干、改革创新、责任担当等方面去考察。对那些德才兼备者提拔使用，对有德无才者培养使用，对无德无才者坚决不用，该免的免、该降的降、该惩处的惩处。从而净化政治生态，形成以德修身、以德服众、以德领才、以德润才、德才兼备的用人导向，促使领导干部以德才兼备的标准严格要求自己。唯有如此，才能提高干部在群众中的公信力，才能维护党在群众中的形象，从而使我们的干部队伍得到不断净化并走向健康发展的轨道。

德与才辩证统一，相辅相成，二者缺一不可。德与才是有机统一的，德是思想基础，才是服务的本领，"才者，德之资也；德者，才之帅也"。德与才又是相互渗透、相互转化的。在一定条件下，一个干部的才能愈高，他对人民作出的贡献就愈大，德也就愈好；只有具备很强的事业心和高度的责任感，他才能扎实工作，

第八章 任人唯贤、选贤与能的用人标准

努力进取，才能发现问题，解决问题，真正成为德才兼备的干部。我们在选拔任用干部工作中，要牢固树立用人看主流、看本质、看发展的观念，既要把好政治关，又要把好才能关，真正把德才兼备的干部选拔上来。

点 评

育才造士，为国之本。党的干部是党和国家事业的中坚力量。习近平总书记深刻指出："历史和现实都表明，一个政党、一个国家能不能不断培养出优秀领导人才，在很大程度上决定着这个政党、这个国家的兴衰存亡。"因此，在新时代实现民族复兴的伟大征程中，必须坚持以推进伟大事业为导向，将"事业为上、人岗相适、人事相宜"作为一条重要原则，做好选人用人工作、建设忠诚干净担当的高素质专业化干部队伍。宏伟的事业，离不开高素质专业化的干部。各级党委（党组）及其组织人事部门，坚持党的原则第一、党的事业第一、人民利益第一，大力选拔党和人民需要的好干部，为推动中国特色社会主义伟大事业乘风破浪、不断前进提供坚强组织保证。

思考题

1. 如何评价科举制度？
2. 新时代干部队伍建设的基本指导原则是什么？

| 中华文化的核心理念

第九章
周虽旧邦、其命维新的改革精神

　　纵观人类发展历史，创新始终是推动一个国家、一个民族向前发展的重要力量，也是推动整个人类社会向前发展的重要力量。创新是多方面的，包括理论创新、体制创新、制度创新、人才创新等，但科技创新地位和作用十分显要。我国是一个发展中大国，目前正在大力推进经济发展方式转变和经济结构调整，正在为实现"两个一百年"奋斗目标而努力，必须把创新驱动发展战略实施好。

　　——习近平同志在中央财经领导小组第七次会议上的讲话

　　人类社会要发展，就必须认识和掌握时代发展的规律，就必须与时代发展的历史进程相一致。不是停留在思维、认识领域的理论理性，而是包含思维认识、价值评价和实践意志在内的具有丰富内涵的、全面调整人与世界关系的实践理性。这种实践理性的核心是对人与世界关系的把握和驾驭，其结果必然产生人类文明的活的灵魂，升华为时代精神的精华。每个时代生产力的发展、科学的前进、理性的发展，甚至政局的变动，都会以最精炼、最抽象的形式反映到哲学中来。当今时代精神集中体现为改革创新、与时俱进。

一、改革精神的基本内涵

习近平总书记在庆祝改革开放40周年讲话时总结道:"中国人民具有伟大梦想精神,中华民族充满变革和开放精神。几千年前,中华民族的先民们就秉持'周虽旧邦,其命维新'的精神,开启了缔造中华文明的伟大实践。""周虽旧邦,其命维新"这一典故出自《诗经·大雅·文王》,后人将其引申为,周邦虽是一个古老的邦国,但它的使命在于创新,这样就把这句话的精神落在了改革创新上。其实改革创新是中华文化一个古老的精神传统。《周易》讲:"天行健,君子以自强不息。"意思是天的运行刚健有力,君子的品格应该像天的运行一样,奋发图强、自我求新、永不止步。据《礼记·大学》记载,商汤《盘铭》曰:"苟日新,日日新,又日新。"是说人像洗澡一样,今天洗完了,成为一个干净的人,并不意味着从此可以不洗了。你需要天天洗,然后才能够永远干净下去。这又是中国很古老的关于革新创新的表达,强调自强不息,创新不已。总之,改革创新是中华民族最鲜明的禀赋。

邓小平同志明确指出,"改革的性质同过去的革命一样,也是为了扫除发展社会生产力的障碍,使中国摆脱贫穷落后的状态,从这个意义上说,改革也可以叫革命性的变革","改革是中国的第二次革命"。改革作为一次新的革命,不是也不允许否定和抛弃我们建立起来的社会主义基本制度,它是社会主义制度的自我完善和发展。改革不是一个阶级推翻另一个阶级那种原来意义上的革命,也不是原有经济体制的细枝末节的修补,而是对体制的根本性变革。改革的实质和目标,是要从根本上改变束缚我国生产力发展的经济体制，建立充满生机和活力的社会主义新经济体制，同时相应地改革政治体制和其他方面的体制，以实现中国的社会主义现代化。开放也是改革，要尊重社会经济发展规律，搞好对外开放和对内开放。邓小平同志明确指出："对外开放具有重要意义，任何一个国家要发展，孤立起来，闭关自守是不可能的，不加强国际交往，不引进发达国家的先进经验、先进科学技术和资金，是不可能的。"

改革成功的关键在人。中国的事情能不能办好，社会主义和改革开放能不能坚持，经济能不能快一点发展起来，国家能不能长治久安，在一定意义上说关键在人。邓小平同志指出："对这个问题要清醒，要注意培养人，要按照'革命化、年轻化、知识化、专业化'的标准，选拔德才兼备的人进班子。要把人民公认的坚持改革开放路线并有良好政绩的人，大胆地放进新的领导机构，使人民感到我们真心实意地搞改革开放。要进一步寻找年轻人进班子，选更年轻的同志，培养他们，让更多的年轻人成长起来。"

当前，中国正在进入从站起来、富起来到强起来的新时代。同时，中国改革不断向纵深推进，改革开放成为新时代党带领全国各族人民进行的新的伟大革命。习近平同志强调，"改革开放是决定当代中国命运的关键一招，也是决定实现'两个一百年'奋斗目标、实现中华民族伟大复兴的关键一招"，"改革开放只有进行时，没有完成时"。改革是由问题倒逼而产生，又在不断解决问题中得以深化，改革进程中的矛盾只能用改革的办法来解决。新时代全面深化改革，必须自强不息、自我革新，逢山开路、遇水架桥，敢于啃硬骨头，敢于涉险滩，敢于向积存多年的顽瘴痼疾开刀，勇于突破利益固化的藩篱，将改革进行到底。全面深化改革需要加强顶层设计和整体规划，加强各项改革的关联性、系统性、

第九章 周虽旧邦、其命维新的改革精神

可行性研究；坚持把完善和发展中国特色社会制度，推进国家治理体系和治理能力现代化作为全面深化改革的总目标；进一步解放思想，进一步解放和发展社会生产力，进一步解放和增强社会活力；用"六个紧紧围绕"描绘全面深化改革的路线图，进一步强调以经济体制改革为重点，发挥经济体制改革的牵引作用；坚持社会主义市场经济改革方向，使市场在资源配置中起决定性作用，更好地发挥政府作用；以促进社会公平正义，增进人民福祉为出发点和落脚点，着眼创造更加公平正义的社会环境，使改革发展成果更多更公平地惠及全体人民。

创新就是创造、发展、变革、革新，创新是人类社会的突出特点。一般来讲，创新同社会发展成正比，二者互为因果、相辅相成；社会越发展越刺激创新，人类文明程度越高，创新能力以及对创新的依赖程度也就越大。随着社会的不断发展，创新的概念得到了极大的扩展。既有沿着物质思路描述的创新，如经济创新、技术创新、制度创新、知识创新，也有沿着精神思路描述的创新，如社会机制创新、创新意识、创新精神、创新观念等。

理论创新是一切创新的先导，具有根本性；实践是不断发展的，理论也需要与时俱进；理论创新是理论自身发展的本质要求，必须以马克思主义理论为基础。体制创新，在经济上要不断完善社会主义市场经济体制，坚持社会主义初级阶段基本经济制度；政治上在坚持四项基本原则基础上推进政治体制改革；文化上按照社会主义精神文明建设规律的基本要求推进文化体制改革。科技发展的本质就是创新，科技创新是解放和发展生产力的关键因素，是国家现代化的客观要求。人类所有的文明成果和社会进步都是以知识创新为基础的，持续创新能力和高素质人才是知识创新的核心因素。创新是一切先进文化的本质，先进文化是随着先

进生产力不断发展而不断创新的文化，先进文化是一个对传统文化不断传承的扬弃过程，先进文化的时代性和开放性凸显了文化创新的本质和动力。

党的十八大以来，习近平同志结合历史和现实重大问题，从理论上对创新理念给出了进一步的阐释。创新是引领发展的第一动力，是新发展理念的核心，抓住了创新，就抓住了牵动经济社会发展全局的牛鼻子。坚持创新发展，是分析世界历史发展尤其是总结我国改革开放成功实践所得出的结论，是我国应对当前发展环境变化、增强发展动力、把握发展主动权、更好引领新常态的根本之策。创新是一个复杂的系统工程，既要坚持全面系统的观点，又要以重要领域和关键环节的突破来带动全局；要超前谋划部署，围绕着经济竞争力的核心关键、社会发展的瓶颈制约、国家安全的重大挑战，强化事关全局的基础性研究和共性关键技术研究。树立创新发展理念，把创新摆在国家发展全局的核心位置，不断推进理论创新、制度创新、科技创新、文化创新等各方面创新，让创新贯穿党和国家一切工作，让创新在全社会蔚然成风。

二、案　例

1. 严建亚和他的西安三角防务股份有限公司

无论是坦克、战斗机还是舰船，中国制造已然跻身世界一流水平。然而，在一些基础大型机械设备制造上，中国仍然存在短板。"工欲善其事，必先利其器。"只有突破大型设备制造的难题，我们才不会受到技术的掣肘，中国的军事实力也才能更上一层楼。在陕西西安，就有这样一家民营企业，自己耗时8年，投资8亿，

第九章　周虽旧邦、其命维新的改革精神

终于研究出一种大型液压机，也正是因为有了这项国际领先的技术，他们成为军用飞机和舰船制造企业的重要供货商。

曾经的化学老师造出 4 万吨液压机，全世界只有 6 台。

围绕西安飞机制造厂，陕西阎良正发展成为中国的六大航空产业基地之一，西安飞机制造厂不仅培养了庞大的航空产业工人，还吸引了众多航空配套企业在周边落户。在距离西安飞机制造厂不到一公里的地方有一家名叫三角防务的民营企业，专门给西安飞机制造厂生产大运飞机提供重要的大型结构件。别看这家工厂投产只有 5 年，实际上它已经是中国规模最大的民参军企业之一。而且更令人惊讶的是，这家公司的创始人严建亚只算是一个做军工产品的新人，在建这个工厂之前，他曾经是西北大学的一位化学老师。三角防务的核心设备是一台 4 万吨模锻液压机，液压机身高 27 米，宽 12 米，锻造时压力达到 4 万吨，这 4 万吨是个什么概念呢？相当于把整个国家体育场放在上面。如此大型的模锻液压机在全世界也只有 6 台。

高压涡轮盘是高合金的超大涡轮盘，是我国燃气轮机的核心部件，也是目前中国燃气轮机里面最大的部件、最核心的部件。三角防务的拳头产品——"难变形高温合金涡轮盘"直径 1.5 米，主要用于航空母舰、核潜艇、航空航天等军用装备的动力系统。如果没有这个"圆饼"，飞机和舰船恐将寸步难行。想要做出这种涡轮盘，要解决两大技术难题：一个是用于制造涡轮盘的钢材，属于特种钢中的特种钢，因为难变形高温合金涡轮盘需要在 600 摄氏度高温下服役，过去冶炼这种钢材的方法长期难以突破，掌握这项成熟的冶炼技术就等同于国家核心竞争力的象征；二是即使冶炼出来这样的钢材，如果没有巨型模锻液压机，也不可能将其压成涡轮盘的形状。

国家从1958年就开始有这样的设想，并进行了设计，但是没有这样的技术方法和制造能力，就是制造不出来。像这么大型的涡轮盘多数用在军事装备上，国际上一直都禁止将类似的生产技术转让给中国，想从其他国家购买这样的涡轮盘很难。

严建亚从小就有从军的梦想，遗憾的是高考时因为视力的问题没能上军校，但是对国防事业的热情一直都藏在他的心里。2004年时刚好有个机会，严建亚去参观巴黎航展，看到波音飞机的起落架做得那么好，就想着国内能不能锻造出来这种好用的材料，造出这种好的起落架，于是他心中萌生了建这样一个超大设备的想法。从巴黎航展归来后，严建亚一直在想着锻造飞机核心部件的事情，为什么人家能做，我们自己做不出来？如果我们自己制造一个巨型模锻液压机，不就可以解决这个问题了吗？在家想了几天后，严建亚开始着手调研，先后跑了20多个地方，这一跑就是三年。后来了解到清华大学一直在研究钢丝缠绕坎合技术，或许可以利用这个技术做大型锻压机，抱着试一试的想法，严建亚走进了清华课堂。

因为严建亚是学化工的，对机械不懂，所以在清华大学机械系跟着研究生们一块去听课。他是研究生里面听课年龄最大的，和年轻学生相差约20岁，年轻的学生们都觉得好奇，你学化工的，怎么搞上机械了，转行搞液压机械这种大型装备是不是跨度太大？

其实，在2004年，严建亚的生物公司经营顺畅，但他宁愿放下西安的生物公司不管，也要完成这次从化学到机械的跨越，就是为了圆内心的那个军工梦。不过，对于一个搞化学出身的40多岁的企业家来说，坐在教室里重新学习，就已经是一件不容易的事情了，更别说还要弄明白复杂的机械工程。钢丝缠绕坎合技术到底能不能走出实验室，能不能产业化，还需多方论证。在北京

第九章　周虽旧邦、其命维新的改革精神

开了九次论证会，前几次基本上大部分专家都不看好，最后通过实地考察和理论解释，在国家材料界泰斗师昌绪院士主持论证的第九次会议上，才在国家层面上通过立项。2007年，严建亚组建了以清华大学机械工程教授为首的技术团队，研究用钢丝缠绕坎合技术制造4万吨模锻液压机。严建亚了解到，目前世界上的巨型模锻液压机使用的都是普通锻造技术，锻造出来的部件性能不够稳定，高温锻造和等温锻造技术几乎还处于空白阶段。能同时具备这几种工艺能力的液压机，三角防务的这台4万吨设备是世界上最大的，而且是单缸液压机，液压缸内径达到2.92米，可以生产多种异形结构件。

民营企业怎么参与到高端军工产品，怎么做军民融合，严建亚总结了五个字——"政产学研用"，政指的就是政府，像西安航空产业基地就给他们提供了很多支持，开发区管委会在严建亚最困难的时候，给予资金支持，成为三角防务的主要股东。研则是指技术，技术过硬是成为军品配套的前提。当然，技术过硬也不一定很快就能拿到订单，尤其要想为军用飞机或者舰船生产配套部件，可不是那么容易的事情。

当初建工厂时，预算是1.5亿元，可是实际建设过程中，光设备就需要投资8亿元，资金严重超支，无奈之下，严建亚只能寻求银行贷款。可是，多数银行听到严建亚说要生产军用飞机的配套产品，都认为他是一个骗子，不相信国家会把这么重要的项目交给个人。那个时候严建亚几乎跑遍了西安所有银行，最终经多次努力，从建设银行成功贷款8年期2.5亿元。随后，又引入了国有资本和社会资本，使资金得以缓解。企业性质也从严建亚的个人所有制变成了混合所有制。

来自农村的严建亚，没有更多物质生活上的追求，只是想把

自己追逐的梦想变为现实。创业多年，身家过亿，但是严建亚每个月的花销还不到 2000 元，他要把钱用在刀刃上。2012 年工厂投产后，严建亚逐个拜访可能跟自己合作的客户，尽管磨破了嘴皮，也不见成效。没人相信一个新成立的民营企业能做军工产品的核心部件。为了拿到订单，严建亚先主动帮客户解决难题，把两个国家的重点型号结构件的技术水平，都提升到世界先进水平，达到和美国的 F-22、F-35 起落架一样的精密度，这样才赢得了客户的信任，从而拿到第一个订单——3000 万，严建亚迈出了实现军工梦的第一步，获得了敲开民参军这扇大门的钥匙。俗话说得好，做事要讲究天时地利人和，严建亚的企业能够做成也离不开军民融合的大环境。近年来，中央高度重视军民融合式发展，不断扩大军民融合的范围和领域。2016 年军民融合发展上升为国家战略。正是借着这股东风，严建亚的订单源源不断。从投产至今，三角防务已经创造了数十亿的产值。

现在三角防务公司生产的整体钛合金框是全世界最大的，采用的是热模锻生产技术。过去，国内生产这么大的整体钛合金框，需要锻造多块，多块锻造组合导致重量过大，影响飞机的武器挂载和航时。而整体钛合金框强度高、不易断裂，不仅大幅度提高了战斗机在空中格斗的能力和水平，还能有效地给飞机减重，增加武器挂载量，扩大作战半径。其实，三角防务公司的王牌产品还有飞机起落架。起落架是飞机下部用于起飞降落或滑行时支撑飞机并用于移动的附件装置，是支撑整架飞机的唯一大型结构件。严建亚的目标是让自己从三级制造商变成二级再到一级，更深度推进军民融合发展。

2019 年 5 月 21 日，三角防务股份有限公司在深圳科创板成功上市，成为陕西第 51 家上市公司，严建亚的军工梦又踏上新的

第九章 周虽旧邦、其命维新的改革精神

2. 从追赶到领先，华为如何走上创新之路

创新一直是华为的核心。那么华为是如何走上创新之路的呢？华为成立于1987年，经过30多年的拼搏努力，华为从小到大、从大到强的全过程，就是基于创新的成功。

进入21世纪，科技创新层出不穷。信息产业创新主要是"工程创新"，经历了40多年的高速发展，如今遇到了瓶颈：一是理论瓶颈。现在的创新主要是把几十年前的理论成果，通过技术和工程创新转换成市场需要的产品。信息通信领域的基础理论——香农定律，是1948年发表的，而5G时代的编码几乎达到了香农定律的极限。二是工程瓶颈。"摩尔定律"驱动了信息和通信技术（ICT）产业的高速发展，但目前也暂时遇到了工程瓶颈。

面向未来，如何突破这些瓶颈？华为面临着巨大挑战。华为过去30年的成功，是基于客户需求的工程、技术、产品和解决方案创新的成功。

第一，华为的创新是开放式的创新。围绕着全球技术要素及资源，华为在全球建立了超过16个研发中心、60多个基础技术实验室，包括材料、散热、数学、芯片、光技术等，围绕着全球人才和资源，建立研究中心。2006年，华为与沃达丰建立了第一个联合创新中心，真正从客户战略、产品方案、商业模式、产业发展等各方面与客户深度合作创新，牵引客户需求，共同解决行业面临的挑战和难题。今天，华为已经和客户与合作伙伴在全球建立了36个联合创新中心。

第二，华为的成功是基于客户需求的创新成功。以欧洲市场为例，该市场的成功拓展奠定了华为国际一流公司的地位。欧洲

市场是国际主流通信设备公司的主打市场,低价竞争只会扰乱市场,只有技术领先和创新才可能被欧洲领先运营商所选择。华为站在客户视角,站在帮助客户商业成功的角度主动创新。2005年,华为突破传统基站模式,开发了业界第一款分布式基站,解决了站址难找、安装困难、耗电和运维成本高等一系列难题。2007年,华为又在业界率先推出了SingleRAN基站,实现2G、3G、4G、5G基站合一。这些系列化的创新,其价值不仅仅是帮助运营商降低30%总体拥有成本,更是极大地降低了网络建设的门槛,提高了建网速度。这些产品和解决方案的巨大技术和商业优势,使得欧洲厂商不得不跟随华为,推出类似产品,从而华为的产品成了行业的事实标准并引领了无线产业的发展方向。

第三,技术、解决方案创新背后是持续的研发投入。华为在研发领域的投资不惜成本,不仅投资于现在,同时投资于未来。早在1996年,华为预研部就明确要求预研费用必须占研发费用的10%以上,现在提高到20%~30%,这意味着每年有20亿~30亿美元投入到前沿和基础技术研究。2018年华为研发费用达到150亿美元,在全球所有公司中排名前5位。华为在全球现有超过8万研发人员,占员工总数的45%左右。我们看到的是产品,而冰山之下的核心技术才是产品竞争力的来源,包括数学、芯片设计、材料、散热等。早在1991年,华为就设计了第一片ASIC芯片,并成立了芯片设计室,也就是今天的海思半导体有限公司的前身。现在,海思"麒麟990"是世界上最先进的5G手机芯片。今天华为的技术进步,都是研发长期的投入、压强原则和厚积薄发的结果。华为有60多个基础技术实验室,700多名数学博士,200多名物理学和化学博士,这些都保障了华为持续的技术领先。

第四,华为的创新是管理的创新。从1997年开始,华为构建

第九章　周虽旧邦、其命维新的改革精神

了研发、供应链、财经、人力资源、市场等国际化的，并经过实践证明了的最佳流程体系，奠定了华为走向世界的管理基础。同时确保了华为运行创新的有序性，通过确定性的流程和方法有效应对了创新的不确定性。

最后，与科研院所的紧密合作。开放合作，共同研究，把科研机构的成果通过创新产品转化为商业成功。2011年以来，在芯片、人工智能（AI）、计算机等领域，华为与中国科学院下属34家科研机构开展了286项合作。

今天信息产业遇到瓶颈的根源，在于理论创新的滞后，没有理论的创新，很难突破技术瓶颈。面向未来，华为创新该如何进行？未来二三十年人类社会将步入智能社会，智能社会有3个特征——万物感知、万物互联、万物智能。在智能社会，万物可感，感知物理世界，并转变为数字信号；网络连接万物，将所有数据实现在线连接；基于大数据和人工智能的应用将实现万物智能。由于有了先进的ICT（Information Communications Technology）技术，这三大特征才能实现。ICT基础设施（如5G、物联网、AI等）将是智能世界的技术基石。华为的创新是理想主义和现实主义的结合，从客户需求出发，进行产品的研发，同时以未来趋势为判断依据。通过战略务虚会，多路径开发试错，"红军""蓝军"PK等，深入技术的"根"；同时，通过愿景、假设以及先进技术驱动开发，实现理想主义和现实主义双轮驱动的创新。

面向未来，华为的创新将从基于客户需求的技术和工程、产品和解决方案的创新1.0时代，迈向基于愿景驱动的理论突破和基础技术发明的创新2.0时代。创新1.0的核心理念是：基于客户需求和挑战，是技术创新、工程创新，是产品与解决方案的创新，是"从1到N"的创新。华为创新1.0的核心是帮助客户和合作伙伴

增强竞争力,帮助客户增加收益或者降低成本,帮助客户实现商业成功。创新2.0的核心理念是:基于对未来智能社会的假设和愿景,打破制约ICT发展的理论和基础技术瓶颈,是实现理论突破和基础技术发明的创新,是实现"从0到1"的创新。华为创新2.0的核心是基于愿景的理论突破和基础技术的发明,而理论突破和基础技术发明的源头之一是学术界;同时,工业界提出的挑战和向大学、研究机构进行研究的投资是助推器。

❖ 华为的创新之路

理论突破和技术发明的不确定性非常高,这种不确定性决定了创新不是封闭的创新,而是"开放式创新、包容式发展",由大学、研究机构、学术界、工业界联合推动。为了利用全球科研资源和人才进行合作创新,华为专门成立战略研究院,从华为创新2.0愿景、假设出发,研究未来智能世界,研究未来人们如何生活、工作、娱乐、保健等，带着问题找技术，带着问题捕捉未来的技术方向和商业机会，孵化新型产业。同时，进行大胆假设，如未来10年提速100倍的宽带、100倍的计算能力、100倍的超越人的感官……在此基础上，规划华为的技术要素。围绕信息的全流程，研究和发掘未来的技术，从信息的产生、存储、计算、传送、呈现，一直到信息的消费，如显示领域的光场显示，计算领域的类脑计算、DNA存储、光子计算，传送领域的可见光通信等，以及基础材料和基础工艺领域的超材料、原子制造等。一边是延长线上的技术创新，另一边是突变的技术创新。

当今世界满足人类发展的需求以及解决所面临的问题，需要汇集全人类的智慧和创新能力。加强基础研究、促进科学进步是解决这些问题的关键。工业界的参与不仅帮助高校和科研机构加快研究成果的商业落地，同时把工业界的挑战和真实场景、需求与科学家分享，对研究方向有着极大的促进作用。华为采取"支持大学及科研机构的研究、自建实验室、多路径技术投资"等多种方式实现创新2.0。把工业界的问题、学术界的思想、风险资本的信念整合起来，共同创新。创新成果为全人类、全产业所共享，点亮世界，点亮华为。华为的愿景使命是：把数字世界带入每个人、每个家庭、每个组织，构建万物互联的智能世界。这意味着我们将继续开放合作，与全球科学家、研究机构、产业伙伴一起共建未来的智能世界。

三、启　示

十八大以来，习近平同志一直在强调，必须认真总结和运用改革开放的成功经验，并提出五点意见：第一，改革开放是一场

中华文化的核心理念

深刻革命,必须坚持正确方向,沿着正确道路推进;第二,改革开放是前无古人的崭新事业,必须坚持正确的方法论,在不断实践探索中推进;第三,改革开放是一个系统工程,必须坚持全面改革,在各项改革协同配合中推进;第四,稳定是改革发展的前提,必须坚持改革发展稳定的统一;第五,改革开放是亿万人民自己的事业,必须坚持尊重人民首创精神,坚持在党的领导下推进。

点 评

从严建亚的创业创新之路可以看出:(1)解放思想是创业的第一步。有创业意识的人,要跳出传统的择业观念和思维模式。传统择业观使人们总是想得到别人的认可,受到别人的重用,并希望借此得到利益。创业的人要有意识地改变这样的心态,相信自己,认可自己,为自己所用。(2)要想做成事,必须能顶得住压力,要活得清楚、活得透彻,这是本质。

华为创新的关键在于:(1)不要努力去做"完美的人",而是要正确估计并发挥自己的优势。企业的使命就是活下去,要活就要大家一起活。凝聚人才,分享成果,才能保证组织持续的生存和发展。(2)华为将创新视为企业自身的命根子。追赶超越需要开拓创新,顾客至上需要服务创新,提高效率需要管理创新,技术引领需要合作创新,人才培养需要开放创新,引领未来需要理论创新,争创一流需要投入创新。

思考题

1. 请结合个人实际，谈谈如何实现个人发展和工作创新的有机统一？

2. 请结合案例思考，如何不断创新，保持企业活力，实现企业的可持续发展？

第十章
亲仁善邻、协和万邦的外交之道

> 中华文明是在同其他文明不断交流互鉴中形成的开放体系。从历史上的佛教东传、"伊儒会通",到近代以来的"西学东渐"、新文化运动、马克思主义和社会主义思想传入中国,再到改革开放以来全方位对外开放,中华文明始终在兼收并蓄中历久弥新。亲仁善邻、协和万邦是中华文明一贯的处世之道,惠民利民、安民富民是中华文明鲜明的价值导向,革故鼎新、与时俱进是中华文明永恒的精神气质,道法自然、天人合一是中华文明内在的生存理念。
>
> ——2019年5月15日,习近平在亚洲文明对话大会开幕式上的主旨演讲

中华民族五千多年连绵不断的文明历史,创造了独步世界、博大精深的中华文化,并以开放包容的性格特质,尊重文明的多样性,主张文明间对话交流、和平共处、和谐共生。中华文明是在中国大地上产生的文明,也是同其他文明不断交流互鉴而形成的文明。它以悠久的历史、深厚的底蕴和优秀文化内容深刻影响周边国家、地区乃至世界;对内则形成了多元一体、尊重差异的文化格局。

第十章　亲仁善邻、协和万邦的外交之道

一、亲仁善邻、协和万邦的发展历程及核心要义

中华传统文化博大精深，早在春秋战国时期就形成了丰富的外交思想。一批思想家在总结前人思想的基础上，提出了亲仁善邻、守望相助、怀柔远人、协和万邦的外交理念，深刻影响了中华民族的民族性格。在聚族而居的过程中，中华民族与人为善、宗族相助，塑造了温良敦厚、勤劳善良、注重内省、推己及人的民族性格。

"亲仁善邻"出自《左传》。《左传·隐公六年》中记载：郑庄公向陈国提出讲和，当政的陈桓公不允许，贤明的大夫五父向陈桓公谏曰："亲仁善邻，国之宝也。"其意思是说，亲近仁义、和邻国友好，这是国家宝贵的财富。俗话说，远亲不如近邻。"邻里"作为一种以地缘关系为基础的人际关系，它和以血缘关系为基础的亲情一样，对有着深厚农耕文化的中国来说，具有十分重要的意义。由此引申开来，家国天下的建构就是按照血缘和地缘关系结成的一个共同体。而在一个相对封闭、静止的社会环境中，道德的作用无疑是决定性的。因此，基于这样的社会历史，中华民族形成了重信义、讲情义的文化基因。与邻里、邻邦之间和睦相处、守望相助，与不同文明交流、对话、融合，不仅是中国人的处世之道，也是中华民族所追求的道德目标之一。

"协和万邦"出自《尚书·虞书·尧典》。原文是："克明俊德，以亲九族。九族既睦，平章百姓。百姓昭明，协和万邦。"尧是一个伟大、贤明的首领，他能够弘扬"大德"，让家族和睦；家族和睦之后又协调各个家族之间的关系，实现社会和睦；社会和睦之后再协调万邦诸侯，也就是各个邦国的利益，让各个邦国都

能够和谐合作,最终天下大同。这是一个"由小及大""由近及远"的思想体系。

中国自古以来就是礼仪之邦,历来追求和睦、爱好和平。"亲仁善邻,协和万邦",不仅包含了中华传统文化中"仁""和"的优秀基因,也体现了"海纳百川,有容乃大"的广阔胸怀,这些优秀的传统文化既是中华文明得以延续的精神支柱,也是构建人类命运共同体的思想渊源。当今是一个经济全球化、世界多极化、社会信息化、文化多样化的变革期,各国相互依存度持续增加,只有尊重、包容不同文明的存在,坚持互利合作,纳百家优长,集八方精义,才能与世界各国一道,实现共同发展和共同繁荣。

相比起喜欢炫耀武力的斯巴达城邦,中华民族以"郁郁乎文"的礼仪之邦闻名于世。唐代经学家孔颖达赞叹:"中国有礼仪之大,故称夏;有服章之美,谓之华。"《左传》《国语》等先秦典籍中记载了各种各样的使臣在外交场合使用优美的诗句、得体的仪态、恰当的音乐来隐约地表达自己的意愿,形成了独具特色的中国外交辞令。"不学《诗》,无以言""不学《礼》,无以立",建立在《诗》与《礼》之上的先秦外交在2500多年以前就表现出温婉含蓄、卓尔不群的姿态。这其中,"和"文化发挥了重要作用。

中华民族之所以能屡遭坎坷而涅槃重生,其最深沉的原因就在于其所承载的价值观经受住了岁月的洗礼,并成为指导中国社会前行的基本价值遵循。比照全球化以来中西文化之间的异同,学者们早已从地理环境、历史文化、社会生活等方面阐明了中国社会"大一统"的历史发展逻辑和现实依据。其中,人心和善、和而不同、天人合一等体现"和"文化的"基因链",对中华文明的生成演进、中华人文精神的型塑等起到了积极作用,并为时下民族复兴提供了丰厚的精神滋养。

第十章 亲仁善邻、协和万邦的外交之道

（1）"礼崩乐坏"——"和"文化的历史背景与价值意蕴。2500年前的春秋战国时期，是中国历史上群雄争霸、礼崩乐坏的社会转型期。如何实现社会有序稳定发展，成为社会精英阶层思考的首要问题，由此带动了思想界的空前发展，形成了百家争鸣的繁荣景象，奠定了中华文化发展的思想基础。儒家代表人物孔子主张依靠礼、仁等道德规范来挽大厦于将倾。孔子认为，"礼之用，和为贵"。此说可谓一语中的，直接阐明了"和"的理论价值和社会意义。当其时，非独儒家坚持此说，各家各派基本上都强调了"和"的作用。道家创始人老子认为"和"是宇宙万物的本质以及天地万物生存的基础，亦即"万物负阴而抱阳，冲气以为和"。《墨子》有"离散不能相和合"的说辞，强调父子兄弟和谐的积极社会意义。凡此种种，遍见诸子语录。

虽然，儒家讲"和"，偏重于社会人际关系的调整；道家说"和"，侧重于天道的自然演化；墨家论"和"，从天地人的角度阐明"和"对世界规则的意义。然通观诸子所论，皆是针对当时乱世的解决之道，体现了社会生活的差异性和多样性。经过千百年的思想积淀和社会实践，"和"文化逐渐成为中华民族精神的体现和民族理想的价值理念。当今世界正处在百年未有之大变局，世界的不确定性大大增加了，如何应对当下的社会局面？优秀传统文化中"和"的理念与价值，可为现代社会的转型发展提供精神动力和智力支持。

（2）修齐治平——"和"文化的理论体系建构。"和"文化作为一种思想观念和价值体系，其内容包罗万象，不仅涉及个体的自身修养，人与人、人与社会的和谐共处，同时包含人与自然的协调发展等终极目标。概而论之，"和"文化的体系包括理论基础、基本准则、最高社会理想以及终极目标阐释等。

(3) 人性本善——"和"文化的道德基础。以儒家思想为内核的中国传统文化,在个人修养方面,其核心就是人性善,亦即人之为人的本性。孔子观之,善的境界是"仁",就是爱人。孟子认为人性的善主要体现为四种德性,即仁、义、礼、智四端。而先天的固有善端怎么表现为善行呢?孟子对此并未作太多解释。《中庸》从哲学的高度给出了善的一系列阐释,开篇即提出与生俱来的仁义礼智都是天性,因此都是至善的。但这些至善之性在表现为喜怒哀乐爱欲惧等情绪时,如何能保持善?《中庸》解释说:"喜怒哀乐之未发,谓之中;发而皆中节,谓之和。中也者,天下之大本也;和也者,天下之达道也。"这里,"善"与"和"终于达成了圆融的对接:"中"与"和"作为善的存在状态,自然也是善的。职是之故,"善"理所当然地成为"和"文化的道德基础。因此,"和"是人性修养的表现,也是善的体现。儒学强调"推己及人及物"和重视实践与教化的伦理传统,此即"一以贯之"的"忠恕"之道。"忠恕"之道,不仅为调解、处理人与人之间的关系提供了根本遵循,而且也是"齐家、治国、平天下"的价值依据。当前我们处理国际关系的和平共处五项原则,实质上就体现了传统文化的"忠恕"精神。

(4) 和而不同——"和"文化的基本理念。春秋时期,孔子倡导"和而不同",并以其作为培养理想人格的一个重要标准。其核心就是说在人际交往中,君子能与他人保持和谐关系,但不轻易盲从别人的观点;而小人则一味苟同他人之说,却不能与他人保持和谐的关系。显然,"和"是包含差异和矛盾的对立同一。多元多样是社会存在的合理性之基础,因此,尊重多元多样的和而不同才是实现社会稳定的"现实良方"。习近平同志在亚洲文明对话大会上指出,深化文明交流互鉴应该:坚持相互尊重、平等相待；坚持美人之美、美美与共；坚持开放包容、互学互鉴；坚持与时俱进、创新发展。文明交流互鉴的"中国主张"，不仅是对西方"文明冲突论"的批判矫正，更是文明交往的思想基础。

（5）天下大同——"和"文化的最高社会理想。大同思想是建立在"和而不同"理念基础上的"和"文化的最高社会理想。《礼记·礼运》对大同社会曾有一段经典论述："大道之行也，天下为公，选贤与能，讲信修睦……是故谋闭而不兴，盗窃乱贼而不作，故外户而不闭，是谓大同。"毋庸讳言，"大同"之说带有明显的理想化色彩。与其说是一种空想主义浪漫宣言，毋宁看作人类关于终极社会的一种美好向往，是芸芸众生对美好生活的现实诉求。不过，天下"大同"的理想，必须借由"和而不同"才能实现。

（6）天人合一——"和"文化的宇宙论解释。传统文化博大精深，对不同学派和不同时期的学者来说，他们所阐释的"天人合一"观多有不尽相同甚或矛盾之处，但不可否认的是，这些在同一概念下稍显差异的论说，其实都是关于主体的人与外部客观环境的终极思考，具有宇宙本体论的意义。正如《中庸》所言："致中和，天地位焉，万物育焉。"显然，"和"文化最终的落脚点在于对宇宙万物的秩序安排，亦即关于宇宙的终极关怀，此之谓"天人合一"。

既然人是宇宙万物之重要一环，其行为、实践当然也应遵从宇宙的本质。因此，天人合一、道法自然、尊重自然、保护自然就是处理人与自然、人与宇宙关系的应有之意。这些中华优秀传统生态理念，不仅开生态文明之先河，更是当下我们进行生态文明建设的重要思想指引。

在"百年未有之大变局"的环境下，理解"和"文化的现实意蕴十分重要。当前，由于经济全球化、世界多极化、社会信息化、文化多样化，世界正发生深刻变化。在历史的发展演变中，"和"文化为中国传统社会的发展提供了重要的文化支撑。近年来，"和"文化越来越受到学者的关注。钱穆、季羡林、张岱年、张立文等学界硕儒均对此有所涉猎。如钱穆认为"天人合一"是中国文化精神最主要的一个特性；季羡林认为"天人合一"的命题是东方综合思维模式的最高、最完整的体现；张岱年称其为"民族优秀文化的瑰宝"。凡此种种，都说明了"和"文化在建构中国特色社会主义文化进程中的固本培根作用。2014年，习近平同志在中国人民对外友好协会成立60周年纪念活动上发表讲话，提出了"天人合一的宇宙观、协和万邦的国际观、和而不同的社会观、人心和善的道德观"的"和"的四观说。这一提法，不仅是对传统"和"文化的高度概括和精炼总结，同时也说明了"和"文化无可替代的现实价值。"和"的四观说相对于西方宣言强国必霸的"零和博弈论"，无疑更具有现实操作性，因为，唯有"和"才是现实道路，"只有在多样中互相尊重、彼此借鉴、和谐共存，这个世界才能丰富多彩、欣欣向荣"。

二、案　例

传灯大法师——鉴真东渡日本

鉴真，俗姓淳于，唐代赴日传法名僧，日本常称其为"过海大师""唐大和尚"。14岁（一说16岁）于扬州大明寺出家。曾巡游长安、洛阳。回扬州后，修崇福寺、奉法寺等大殿，造塔塑像，宣讲律藏。40余年为俗人剃度，传授戒律，先后达4万余人，

第十章 亲仁善邻、协和万邦的外交之道

被江淮民间尊为授戒大师。当时,日本佛教戒律不完备,僧人不能按照律仪受戒。公元733年,日本僧人荣睿、普照随遣唐使入唐,邀请中土高僧去传授戒律。访求十年,决定邀请鉴真。742年鉴真不顾弟子们劝阻,毅然应请,决心东渡。

鉴真到达日本后,受到孝谦天皇和圣武太上皇的隆重礼遇,754年2月1日,重臣藤原仲麻吕亲自在河内府迎接。2月4日,鉴真一行抵达奈良,同另一位本土华严宗高僧"少僧都"良辨统领日本佛教事务,封号"传灯大法师",尊称"大和尚"。

❖ 鉴真东渡

当时日本社会中普遍存在托庇佛门以逃避劳役赋税的现象,因此,孝谦下旨:"自今以后,传授戒律,一任和尚。"但是,这

引起了日本本国"自誓受戒"派的反对，尤其是兴化寺的贤璟等人激烈反对。鉴真作为律宗高僧，决定负起规范日本僧众的责任，于是决定与贤璟在兴福寺公开辩论。在辩论中，鉴真作出让步，承认"自誓受戒"仍可存在，但是作为正式认可的具足戒必须要有三师七证，结果贤璟等人皆被折服，舍弃旧戒。鉴真于是在东大寺中起坛，为圣武、光明皇太后以及孝谦之下皇族和僧侣约500人授戒。756年，鉴真被封为"大僧都"，统领日本所有僧尼，在日本建立了正规的戒律制度。

鉴真东渡具有极大的历史意义，它促进了中日文化的交流与发展，使得佛教更为广泛地传播到东亚地区，对日本的宗教和文化事业发展产生了积极深远的影响，增进了中日两国人民的友谊。

三、启　示

习近平新时代外交思想，就是在世界多极化、经济全球化、文化多样化的时代背景下，中国积极参与国际治理的"中国方案"。其中，最重要的是重视文明的力量，以文化、文明为基础，建构"人类命运共同体"。其可以表达为：在全球文明的交流互鉴中，中国有意愿、有能力更多地参与文明的交流事务，以中国智慧、中国文明为国际文明交流和交往体系的建设贡献力量。习近平关于文明的中国方案包括如下内容：

第一，中国经验。十八大以来，中华民族伟大复兴的中国梦成为中国共产党带领中国人民实现从站起来、富起来到强起来的精神标识。不同于西方大国崛起是建立在血腥的暴力和狂热的殖民掠夺基础上，中国崛起最显著的特点是和平发展。在阐扬中华文化风采的同时，更重要的是展现中国和平发展、和平崛起的理念。习近平在国内外不同场合公开阐明:"中华民族的血液中没有侵略他人、称霸世界的基因,中国人民不接受'国强必霸'的逻辑,愿意同世界各国人民和睦相处、和谐发展,共谋和平、共护和平、共享和平。"他的一系列论述显示了中国崛起一定能避开所谓的"修昔底德陷阱",从而为中国的发展营造良好的国际氛围,为世界的和平稳定贡献中国方案。

第二,中国主张。共建"一带一路"倡议、推动构建"人类命运共同体"是习近平文明观的两大支点,也是中国主张的核心内容。习近平在一系列涉外讲话中,都倡议"一带一路",让丝路沿线国家共享中国的发展机会和成果;以"命运共同体"支持"和谐世界"建设,维护世界和平与稳定。这些重要讲话和实践操作,摈弃了西方世界以"政治制度画线"的对立思维,开创了以文明多样性、丰富性、平等性为评价标准,从而为中国开拓出更大的国际空间和格局。在影响世界看中国的同时,也在无形中树立了民族交往的新规则。

第三,中国倡议。中华民族有五千多年的文明历史,涉及社会生活的方方面面,从国家治理到天下秩序,从个体的心性修养到人际关系协调等,无不深刻体现了中华文明的博大精深。五千多年未曾中断的中华文明,不仅浸润和滋养了中华民族,同时也对世界的发展起到了无可替代的作用。中华文明辐射朝鲜半岛、中南半岛、日本等,影响久远而深刻。同样,从中东的波斯、阿拉伯,再到欧洲的罗马帝国,受中华文明影响的印迹是明显而清晰的。更重要的是,中国的"四大发明"传入世界,对于世界历史的进程也起到了积极的促进作用。习近平指出,"让中华文明同世界各国人民创造的丰富多彩的文明一道,为人类提供正确的精神指引和强大的精神动力",这是新时代面向世界的文明倡议和文明宣言。

| 中华文化的核心理念

第四，中国贡献。最近三十年来，历经"东欧剧变"、国际金融危机、信息化技术广泛应用、世界贸易摩擦等，人类文明处在历史发展的交汇期。基于这样的背景，习近平有关文明的重要论述是新时代马克思主义对目前全球治理问题的及时回应和深刻阐释，是对马克思主义文明学说的创新发展，对全球治理贡献了中国智慧。

点 评

> 亲善友邻、协和万邦的外交思想是新时代中国特色社会主义的重要价值目标，也理应是人类共同的价值追求。习近平新时代外交思想，是全方位、多层次、多角度的。就全球化而言，是推动建构人类命运共同体、倡导文明交往的互鉴互赏。这些论述，既有历史的深度，又有现实的效度，展示了多变时代一个成熟大国科学、开放以及自信的文明观，是新时代马克思主义文明思想的最新表述。

思考题

1. 怎样理解文化？
2. 如何建构面向未来的中日关系？
3. 如何建构面向未来的中美关系？

第十一章
以和为贵、好战必亡的和平理念

中华民族历来爱好和平。中国人在两千多年前就认识到"国虽大，好战必亡"的道理。中国人民崇尚"己所不欲，勿施于人"，中国不认同"国强必霸论"。走和平发展道路，对中国有利，对亚洲有利，对世界也有利，任何力量都不能动摇中国和平发展的信念。中国坚持不干涉别国内政原则，不会把自己的意志强加于人，即使再强大也永远不称霸。

——国家主席习近平2015年4月21日在巴基斯坦议会发表题为《构建中巴命运共同体 开辟合作共赢新征程》的重要演讲，高度评价中国同巴基斯坦的全天候友谊和全方位合作，强调中巴要不断充实两国命运共同体内涵，为打造亚洲命运共同体发挥示范作用。

中华民族是一个爱好和平的民族，止战休战的观念历经数千年历史的发展，已经成为中华文化的基因。我们大家耳熟能详的"国虽大，好战必亡""不战而屈人之兵，是为上策"等理念，很早就出现在中国的历史典籍中，成为影响国人处理国与国之间关系的基本价值指引。春秋时期有一部古书，叫《司马法》。这是一部兵书，但其中最核心、影响最大的观念却是止战休战的和平观念。要维持和平，自然要避免战争。可怎么避免战争，《司马法》的完整论述是这样的："国虽大，好战必亡；天下虽安，忘战必危。"这部兵书相传为春秋后期齐国人司马穰苴所著。司马穰苴倡导以仁爱为本的义战主张，提出"以战止战"的安邦大略，既反对轻战，又反对忘战。他辩证地分析了慎战与备战的关系。"国虽大，好战必亡"，战争不能无限制地进行，必须持谨慎态度；"天下虽安，忘战必危"，对于战争也不可麻痹大意，必须居安思危，增强忧患意识，警惕战争危险。这充满东方智慧的和平思维，不是盲目的乐观和空玄的想象，而是基于现实的理性思考，因此具有很强的前瞻性、现实性和针对性，是先民处理国际争端和国际关系的基本遵循。在人类数千年的历史进程中，这样的教训比比皆是。人类只有汲取历史的经验教训，才能走上社会发展的大道。

一、背　景

人类历史上有过许多国家，曾盛极一时，但因为痴迷于战争，热衷于武力征服，所以来也匆匆，去也匆匆，最终身败名裂、国亡民苦。曾经强如亚述之类的中东大国就是先例。亚述帝国凭借强悍的军事力量，成为世界史上第一个军事帝国。亚述帝国是世界上第一个建立了完备军事体系的国家，是率先采用铁制武器和骑兵作战的国家，是闪电战和突袭战的鼻祖。但就是这样一个上古的军事强国，其衰落也只是一夜之间的事情。亚述帝国的铁血统治，引起被征服地区不满，最后爆发反抗。公元前605年，穷兵黩武的亚述帝国在米底和新巴比伦王国的打击以及境内被压迫民族的反抗下，最终消亡。究其衰亡的原因，有两点尤其值得思考：其一，连年的征战使得亚述帝国民生凋敝，严重消耗了亚述的国力；

第十一章 以和为贵、好战必亡的和平理念

其二，亚述帝国是靠军事征服建立起来的庞大帝国，没有能够与之匹配的经济基础，所以最终只能走向灭亡。

《旧唐书·魏徵传》有这么一段记载："夫以铜为镜，可以正衣冠；以史为镜，可以知兴替；以人为镜，可以明得失。"这是唐代谏臣魏徵病故后，唐太宗在哀痛之余对朝臣的感叹之言。悠悠千载，人类从历史获得的智慧似乎总是很有限，这也就导致了类似亚述这样的仅凭军事之强就想凌驾于其他民族、其他国家之上的愚蠢之举屡屡发生。

就中国而言，和平理念在中国社会数千年的历史发展中早已内化为中华民族的基因。中国之所以能够成为世界上唯一文明绵延 5000 年而没有中断的国家，与中国人对战争的理解，有着不可分割的关系。正因为我们的先人早就知道"国虽大，好战必亡"的道理，所以自古以来，中华民族就积极开展对外交往通商，而不是对外侵略扩张；执着于保家卫国的爱国主义，而不是开疆拓土的殖民主义。2100 多年前，中国人就开通了丝绸之路，推动东西方平等开展文明交流，留下了互利合作的足迹，沿路各国人民均受益匪浅。600 多年前，中国的郑和率领当时世界上最强大的船队 7 次远航太平洋和西印度洋，到访了 30 多个国家和地区，没有占领一寸土地，播撒了和平友谊的种子，留下的是同沿途人民友好交往和文明传播的佳话。

中华人民共和国成立后，和平共处五项原则（互相尊重主权和领土完整，互不侵犯，互不干涉内政，平等互利，和平共处）作为中国对外关系的指导思想，为中国赢得了越来越多的朋友，成功地树立了中华人民共和国的国际形象，也使中华人民共和国一步步争取到应有的国际地位。

当然，我们在强调"国虽大，好战必亡"的同时，还要注意

"天下虽安，忘战必危"。和平往往要以实力为后盾。总之，战争是一种不得已之时采取的必要手段，所以对待战争的正确态度，就是既不好战，也不忘战。

二、案　例

阿富汗战争

阿富汗地处亚洲中部，山区占国土面积的五分之四。这里既没有肥沃的土地，也没有丰富的资源，还是世界上最为贫穷落后的地区。但就是这个并非风水宝地的不发达地区，却成为近代以来大国的逐鹿场，主要的原因就在于其独特的地理位置。

阿富汗位于东亚、南亚、西亚、中亚的交汇处，自古以来就是兵家必争之地。历史上从西方进入印度地区的外来势力第一站就是从占领阿富汗开始的，因为外来势力一旦占据了阿富汗，向东便可以进入东亚大陆，南下便可以进入印度次大陆和印度洋，向西便可以通过伊朗高原进入西亚，向北可以进入中亚地区。其战略地位的重要性由此可见一斑。

伴随着西方的全球扩张，英国从19世纪上半叶开始发动了三次对阿富汗的战争，分别发生于1839—1842年、1879—1880年、1919年，结果均以失败而告终。英国当时对征服阿富汗那么执着，最主要的原因是为了英国皇冠上的明珠——印度殖民地的安全。但令英国人未曾想到的是阿富汗的多山地形和阿富汗人民的英勇善战，使得英国人的三次出征均惨败而归。

20世纪70年代，在美苏两大集团冷战对抗中，苏联处于攻势阶段。为了打通南下印度洋的通道，苏联在西线（欧洲）、南线

第十一章 以和为贵、好战必亡的和平理念

(中东、海湾)、东线(亚太)全面推进。其中,在南线,苏联加紧推行南下战略,加强对中东、非洲的渗透和扩张,直达南方能源通道的"咽喉"霍尔木兹海峡,从侧翼围堵欧洲。为达成此战略目标,苏联曾三次试图建立亲苏的阿富汗政府,但均告失败。最终,1979 年苏联派遣 10 万大军直接占领了阿富汗,不过却遭到阿富汗人民的抵抗。1988 年 4 月 14 日,双方在日内瓦协议签字。1989 年苏联军队根据协议全部撤出了阿富汗。

❖ 满目疮痍的战争场面

苏联入侵阿富汗是一场非正义战争,给苏联带来的负面影响是多方面的:第一,使得苏联的国际声誉直线下降,苏联在国内外陷入空前的孤立。在整个 20 世纪 80 年代,阿富汗问题是联合国安理会召开会议讨论最多的问题之一。第二,严重影响了 1980 年的莫斯科奥运会。为抗议苏军入侵,中国、美国、联邦德国等 60 多个国家联合抵制了这届奥运会。第三,苏联入侵阿富汗的战争,历时近 10 年,给阿、苏两国人民带来深重灾难。在此期间,阿富

汗有130多万人丧生，500多万人流亡国外沦为难民；苏联先后有150多万官兵在阿富汗作战，累计伤亡5万余人，耗资450亿卢布，削弱了国力。

2001年，美国借反恐之机，发动了阿富汗战争，对阿富汗境内的塔利班政府和"基地"组织进行打击。虽然美国通过战争推翻了塔利班政权，但却使阿富汗陷入了长期的战乱。美国也深陷阿富汗战争泥潭，直到现在，阿富汗境内依然有美国的军事基地和驻军。随着美国国内问题的加剧，美国舆论也开始反思2001年开始的这场阿富汗战争，认为美国政府和军方当初因过高估计自身实力而轻率开战，又因种种原因无法脱身，最终深陷战争泥潭，付出巨大代价。美国在阿富汗遭受的挫折，主要体现在以下几方面：第一，美国代价巨大。从2001年战争爆发，大约有2300名美军士兵、4000名美国承包商在战争中身亡，超过2万美国人在战争中受伤。美国累计已为阿富汗战争投入超过2万亿美元。第二，美国难以脱身。据称美国此前曾多次考虑从阿富汗撤军，但始终没能离开这个"帝国的坟墓"。一是美国政府担心撤军可能引发无法承受的严重政治后果（塔利班就会卷土重来并为恐怖组织提供避风港）；二是美国政府和军方长期进行战争"值得打"的虚假宣传，导致美国难以"体面"地撤出阿富汗；三是美国国内反战舆论不高。第三，美国重蹈越战覆辙。阿富汗战争使美国继越战后再次长期深陷战争泥潭。美国试图在一个与它非常不同的国家，尝试大规模的社会工程改造。但战争和治理是两种不同的活动，前者能够非常精确地炸开堡垒，但并不能赋予塑造政治现实的能力。换句话说，美军也许可以赢得战争，稳定冲突，但美军不能创造政治文化，也不能建设社会。

三、启 示

古语说,"以史为鉴,可以知兴替"。所谓"史",既包括中国的历史,也包括世界各国的历史。也就是说,我们要从更大的时空范围,用更深远的历史眼光和更宽广的世界眼光去研究总结古今中外政权、民族兴衰成败的经验教训,从中汲取智慧。类似亚述帝国这样盛极而衰的例子比比皆是。其中,核心的地方在于武力争斗从来不是让这个世界和平的手段。恰恰相反,它使世界变得混乱、无序,是对人类的戕害。尤其是在今天,战争的代价是毁灭性的。对于战争,历史学界总结出这样一个规律,就是上一次战争中冒头的武器,一定是下一次战争中首先使用的武器。比如美国南北战争的后期,开始使用机枪,结果第一次世界大战使用机枪成为常态。而第一次世界大战结尾的时候,坦克开始成为战场上的新贵,结果第二次世界大战一开始,纳粹德国就使用了坦克军团。而在第二次世界大战的最后阶段,核武器出现在了战场上,那么今天如果再发生大规模的世界战争,核武器会不会成为战场上普遍的武器?因为核武器一旦大量使用,其后果只有一个,就是整个人类的灭绝。而核战争一旦爆发,人类的文明就会中断。在这样的情况下,所有国家和民族都应该对战争有理性的思考。

今天世界已经成为一个"地球村",人类已经成为一个紧紧相连的"命运共同体"。现代自然科学和社会科学的研究结果已经能够非常确定地告诉我们,今天所有的人类,全部来自非洲。大约6万年前,人类共同的祖先开始走出非洲。大约1万到1.5万年前,现代人类的足迹开始遍布世界各地。所以,整个人类,都是一家人。随着科技的发展,经济全球化的日益深入,资本、技术、信

中华文化的核心理念

息、人员跨国流动，我们所居住的星球已经变成了"地球村"，国家之间处于一种相互依存的状态。各国利益的高度交融使每个国家都成为一个共同利益链条上的一环。任何一环出现问题，都可能导致全球利益链的中断。在经济全球化的时代，各国安全相互关联、彼此影响，任何国家都不可能在面临灾难时独善其身。也就是说，不论人们身处何国、信仰如何、是否愿意，实际上已经处在一个命运共同体中。同样的道理，没有一个国家能凭一己之力谋求自身的绝对安全，也没有一个国家可以从别国的动荡中收获稳定。

点 评

新时代，习近平同志在国内外多种场合一直坚持阐述中国的和平思想和发展理念。他指出，和平发展思想是中华文化的内在基因，讲信修睦、协和万邦是中国外交的基本内涵。中国繁荣昌盛是趋势所在，但国强必霸的"修昔底德陷阱"不是历史定律。纵观历史，任何国家试图通过单纯武力实现自己的发展目标，最终都是要失败的。在全球化时代，走和平发展道路，对中国有利，对亚洲有利，对世界也有利，因此，任何力量都不能动摇中国和平发展的信念。"好战必亡，忘战必危"，中国历来奉行防御性国防政策和积极防御的军事战略，无论发展到哪一步，中国永远不称霸、永远不搞扩张。中国坚持走和平发展道路，坚持独立自主的和平外交政策，不是权宜之计，而是我们的战略选择和郑重承诺。

思考题

1. 全球化背景下,中国的和平理念如何彰显?
2. 现代国际冲突的根源是什么?

参考文献

[1]《毛泽东选集》（1—4卷），人民出版社，1991年。

[2]《习近平谈治国理政》（第1卷），外文出版社，2018年。

[3]《习近平谈治国理政》（第2卷），外文出版社，2017年。

[4] 费孝通：《乡土中国》，人民出版社，2008年。

[5] 费孝通：《中华民族多元一体格局》，中央民族大学出版社，1999年。

[6] 张岂之：《中华人文精神》，西北大学出版社，1997年。

[7] 谭其骧：《中国历史地图集》，中国地图出版社，1996年。

[8] 葛剑雄：《统一与分裂：中国历史的启示》，商务印书馆，2013年。

[9] 黄仁宇：《万历十五年》，中华书局，1982年。

[10] 许烺光：《美国人和中国人》，浙江人民出版社，2017年。

[11] 黄留珠：《中国古代选官制度述略》，陕西人民出版社，1989年。

[12] 张宏杰：《曾国藩的正面与侧面》，岳麓书社，2018年。

[13] 胡锦光：《新时代党员干部的法治思维》，中国人民大学出版社，2018年。

[14] 杨宝国：《公平正义观的历史传承发展》，学习出版社，2015年。

[15] 程迈：《西方政党与法治》，社会科学文献出版社，2019年。

［16］严文斌：《百年大变局》，红旗出版社，2019年。

［17］李泽厚：《说文化心理》，上海译文出版社，2012年。

［18］李冬俐：《社会主义平等问题研究》，中山大学出版社2012年。

［19］何霜梅：《关于平等的五个追问》，中国社会科学出版社2019年。

［20］塞缪尔·亨廷顿：《文明的冲突与世界秩序的重建》，新华出版社，2002年。

［21］斯塔夫里阿诺斯：《全球通史》，北京大学出版社，2006年。

［22］皮埃尔·勒鲁：《论平等》，商务印书馆，1988年。

［23］约翰·基根：《战争史》，中信出版社，2018年。

全省干部专业化能力培训教材编审委员会

主　任　郭文超　省干教办副主任、省委组织部一级巡视员
成　员　马　亮　省委组织部干部教育处处长
　　　　　王　雄　西北农林科技大学继续教育学院院长
　　　　　刘晓军　省发改委二级巡视员
　　　　　孙　早　西安交通大学经济与金融学院院长、教授
　　　　　曹胜高　陕西师范大学文学院教授
　　　　　顾建光　上海交通大学国际与公共事务学院教授
　　　　　张茂泽　西北大学中国思想文化研究所教授

《中华文化的核心理念》

主　编　陈国庆
副主编　王元琪　周　超
成　员　杨权利　王有红　安树彬

图书在版编目（CIP）数据

中华文化的核心理念／中共陕西省委组织部组织编写. --西安：西北大学出版社，2021.1
ISBN 978-7-5604-4646-2

Ⅰ.①中… Ⅱ.①中… Ⅲ.①中华文化—研究 Ⅳ.①K203

中国版本图书馆 CIP 数据核字（2020）第 236548 号

责任编辑　褚骊英　郑　迪
装帧设计　泽　海

中华文化的核心理念
ZHONGHUA WENHUA DE HEXIN LINIAN

中共陕西省委组织部组织编写

主　编　陈国庆

出版发行	西北大学出版社			
地　　址	西安市太白北路 229 号	邮　编	710069	
网　　址	http://nwupress.nwu.edu.cn	E-mail	xdpress@nwu.edu.cn	
电　　话	029-88303059			
经　　销	全国新华书店			
印　　装	陕西龙山海天艺术印务有限公司			
开　　本	710 毫米×1020 毫米　1/16			
印　　张	10			
字　　数	116 千字			
版　　次	2021 年 1 月第 1 版　2021 年 3 月第 2 次印刷			
书　　号	ISBN 978-7-5604-4646-2			
定　　价	35.00 元			

如有印装质量问题，请与本社联系调换，电话 029-88302966。